高等学校土木工程专业实验教材

沥青混合料搅拌虚拟仿真实验教程

主　编　李　平
副主编　张冬梅　熊剑平　江　宏

人民交通出版社股份有限公司
北京

内 容 提 要

沥青混合料可用于公路、土木、机场等工程建设中,尤其在高等级公路路面工程中占有主体地位。在掌握间歇式沥青混合料搅拌站构造的基础上,开展沥青混合料配合比优化设计,确定有针对性的搅拌站生产参数,使搅拌站生产出符合设计目的、质量稳定的沥青混合料,对确保工程质量具有重要意义。本教材首先分析沥青混合料搅拌设备的工作原理与构造,再总结间歇式沥青搅拌设备生产控制关键技术,最后介绍沥青混合料搅拌设备生产控制虚拟仿真技术的关键内容。

本书可作为道路桥梁与渡河工程、土木工程等专业的实验教材,也可供从事公路、城市道路和机场工程施工、养护的有关人员参考。

图书在版编目(CIP)数据

沥青混合料搅拌虚拟仿真实验教程 / 李平主编. —北京:人民交通出版社股份有限公司, 2023.12
ISBN 978-7-114-19023-0

Ⅰ.①沥… Ⅱ.①李… Ⅲ.①沥青拌和料—性能—仿真—实验—教材 Ⅳ.①U414.7

中国国家版本馆 CIP 数据核字(2023)第 183597 号

高等学校土木工程专业实验教材

书　　名:	沥青混合料搅拌虚拟仿真实验教程
著 作 者:	李　平
责任编辑:	李　瑞　刘楚馨
责任校对:	孙国靖　卢　弦
责任印制:	刘高彤
出版发行:	人民交通出版社股份有限公司
地　　址:	(100011)北京市朝阳区安定门外外馆斜街 3 号
网　　址:	http://www.ccpcl.com.cn
销售电话:	(010)59757973
总 经 销:	人民交通出版社股份有限公司发行部
经　　销:	各地新华书店
印　　刷:	北京印匠彩色印刷有限公司
开　　本:	787×1092　1/16
印　　张:	5
字　　数:	123 千
版　　次:	2023 年 12 月　第 1 版
印　　次:	2023 年 12 月　第 1 次印刷
书　　号:	ISBN 978-7-114-19023-0
定　　价:	35.00 元

(有印刷、装订质量问题的图书,由本公司负责调换)

前　言

交通强国战略的提出，意味着交通运输系统在新时代开启建设新征程，奋力从交通大国向交通强国迈进。截至 2022 年底，全国公路总里程 535.48 万 km，公路养护里程 535.03 万 km，其中高速公路里程 17.73 万 km，国家高速公路里程 11.99 万 km。在未来相当长时间内，公路新建工作量仍旧巨大，同时在役公路的养护改建任务也日趋繁重。沥青路面凭借行驶舒适、建养便捷、易于再生等优势，成为我国高等级道路的主体路面形式，其比例超过了 90%，因而掌握沥青路面施工技术的专业技术人员需求量巨大。

沥青混合料质量是沥青路面使用性能的核心影响因素之一，而间歇式沥青混合料搅拌站是我国广泛使用的沥青混合料生产装置。实际生产中，受多方面因素影响，沥青混合料质量存在明显差异，因而确保搅拌站生产性能良好的沥青混合料，是实践中重要的工作内容。在掌握间歇式沥青混合料搅拌站构造的基础上，开展沥青混合料配合比优化设计，确定有针对性的搅拌站生产参数，使搅拌站生产出符合设计目的、质量稳定的沥青混合料，对确保路面使用质量具有重要意义。而我国近年来重点建设的虚拟仿真实验教学项目，可有效推进现代信息技术融入实验教学项目，拓展实验教学内容的广度和深度，延伸实验教学的时间和空间，提升实验教学的质量和水平。

本教材基于国家级一流本科课程"间歇式沥青混合料搅拌站构造原理与生产控制虚拟仿真实验"和湖南省普通高校校企合作创新创业教育基地"绿色公路建造校企合作创新创业教育基地"等项目编写。本书共分为 3 章，第 1 章介绍沥青混合料搅拌设备工作原理与构造，第 2 章介绍间歇式沥青搅拌设备生产控制关键技术，第 3 章介绍沥青混合料搅拌设备生产控制虚拟仿真技术。

李平撰写了大纲，李平、王良初、张冬梅、刘亮撰写了第 1 章，熊剑平、李平撰写了第 2 章，李平、张冬梅、江宏撰写了第 3 章。本教材写作过程中，得到了三一重工沥青搅拌站研究院、广西道路结构与材料重点实验室和广西交科集团有限公司的支持,在此深表感谢!

因时间紧张,加之作者水平有限,书中存在疏漏和不当之处在所难免,恳请各位专家、学者和读者不吝指正。

作　者

2023 年 3 月

目 录

第1章 沥青混合料搅拌设备工作原理与构造 ·· 1
 1.1 沥青混合料搅拌设备的用途与分类 ··· 1
 1.2 沥青混合料搅拌设备工作原理 ·· 3
 1.3 沥青混合料搅拌设备基本构造 ·· 7
 1.4 厂拌热再生设备基本构造 ·· 19

第2章 间歇式沥青混合料搅拌设备生产控制关键技术 ································ 26
 2.1 场站建设规范化 ·· 26
 2.2 搅拌设备的选择 ·· 29
 2.3 搅拌设备的计量控制与校核 ··· 30
 2.4 原材料质量管控要求 ··· 31
 2.5 冷热料平衡控制 ·· 33
 2.6 温度控制与监测 ·· 36
 2.7 成品料防离析措施 ··· 38
 2.8 搅拌设备防污染控制 ··· 39

第3章 沥青混合料搅拌设备生产控制虚拟仿真技术 ···································· 40
 3.1 沥青混合料搅拌设备生产控制虚拟仿真实验功能 ····························· 41
 3.2 沥青混合料搅拌设备生产控制虚拟仿真实验操作流程 ······················ 44

参考文献 ··· 74

第1章 沥青混合料搅拌设备工作原理与构造

1.1 沥青混合料搅拌设备的用途与分类

沥青混合料搅拌设备是沥青路面施工的关键设备之一,也是机电一体化技术密集的机械设备,可适用于公路、城市道路、机场、码头、停车场、货场、大坝心墙等工程施工。其基本功能有:①集料的烘干、加热与计量;②沥青的加热、保温和计量;③按照设定的配合比,将热集料、热沥青与填料均匀拌和成所需要的成品沥青混合料。

沥青混合料搅拌设备可按照生产能力、机动性能、生产工艺流程进行分类,具体如下:

(1)按生产能力分类

按生产能力不同,沥青混合料搅拌设备分为大、中、小三种类型。小型设备每小时可生产几吨沥青混合料,大型设备每小时可生产数百吨沥青混合料。一般来讲生产能力为160t/h或以上的属大型设备,80~160t/h 的属中型设备,小于80t/h 的属小型设备。大型工程如机场、水坝、高速公路等需要使用中型和大型沥青混合料搅拌设备,中小型工程如三级公路施工、市政公路工程、道路维修等一般使用中型和小型沥青混合料搅拌设备。

(2)按机动性能分类

按设备运输的方便程度不同,沥青混合料搅拌设备分为移动式、可搬迁式和固定式三种。

①移动式沥青混合料搅拌设备的特点是将设备安装在平板拖车上,运输时由牵引车拖行,到达施工地点后,经过简单拼装即可投入生产,如图1-1所示。

图1-1 移动式沥青混合料搅拌设备

1

②可搬迁式沥青混合料搅拌设备由若干个大的模块组成,可以拆开装在运输车辆上进行运输,到达施工地点后,用起重机拼装起来即可投入使用。

③固定式沥青混合料搅拌设备的特点是一经建成,一般不可拆卸和搬运,如图1-2所示。

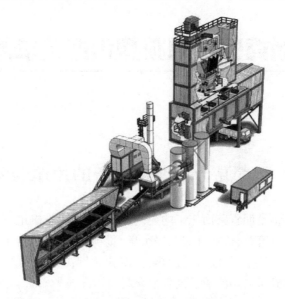

图1-2 固定式沥青混合料搅拌设备

随着技术的进步,沥青混合料搅拌设备朝着模块化、大型化方向发展,道路施工单位出于企业发展和便于运输的需要,一般选择可搬迁式设备。而集中工程、城市道路施工一般选择固定式设备。

(3)按生产工艺流程分类

根据生产工艺流程不同,沥青混合料搅拌设备分为连续式和间歇式两种。

①连续式沥青混合料搅拌设备

连续式沥青混合料搅拌设备又称滚筒式沥青混合料搅拌设备,其特点是冷料的烘干、加热与热沥青的拌和是在同一滚筒内连续进行的,拌好的成品料也是连续卸出的。其拌和方式是非强制式的,依靠矿料在旋转滚筒内自行滚落实现沥青的裹覆。连续式沥青混合料搅拌设备的特征是连续式作业,代表设备为美国ASTEC公司的双滚筒式沥青混合料搅拌设备。

②间歇式沥青混合料搅拌设备

间歇式沥青混合料搅拌设备又称强制间歇式沥青混合料搅拌设备,其特点为设备间歇性向搅拌锅内加入经计量的热集料、矿粉、沥青进行搅拌,在规定的时间内拌和成符合要求的沥青混合料。

间歇式和连续式两种沥青混合料搅拌设备,在使用中各有其特点。目前我国高等级公路施工主要采用间歇式沥青混合料搅拌设备,但随着新技术的发展以及环境保护的要求越来越高,连续式沥青混合料搅拌设备的特点逐渐突显。只是目前由于我国集料生产相对落后,制约着连续式沥青混合料搅拌设备的应用。近年来,我国公路建设发展迅猛,集料供不应求,部分地区出现集料规格不一、材料混杂等现象,以致沥青混合料的质量不稳定。连续式沥青混合料搅拌设备由于只有冷料计量系统,集料质量差将导致无法生产出合格的沥青混合料。而间歇式沥青混合料搅拌设备除了冷集料级配计量外,还有第二道热集料的筛分和计量系统,使其对供应集料质量适应能力较强,生产出来的沥青混合料级配和油石比控制效果更好,这也是目前在高等级公路施工中首选间歇式沥青混合料搅拌设备的原因。

按现行《公路沥青路面施工技术规范》(JTG F40)的要求,高等级公路建设应使用间歇强制式沥青混合料搅拌设备,连续滚筒式沥青混合料搅拌设备只用于普通公路建设。因此,本书主要介绍间歇式沥青混合料搅拌设备。

1.2 沥青混合料搅拌设备工作原理

1.2.1 标准工况

沥青混合料搅拌设备的标准工况是指环境温度20℃,标准大气压,冷集料平均含水率为5%,以燃油或燃汽为燃料,热集料温度为160℃或成品料温度140℃,搅拌对应AC型中粒式沥青混合料,无等料、溢料的工况。

1.2.2 技术参数

(1)型号标记

型号按制造商简称、出厂代号、搅拌锅额定容量或额定生产率的顺序及"×××型沥青混合料搅拌设备"字样进行标记,标记方法如图1-3所示。

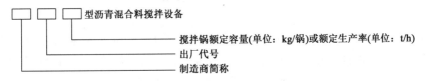

图1-3 沥青混合料搅拌设备标记示意

(2)设计容量

沥青混合料搅拌设备的设计容量主要是指搅拌缸的额定容量,这主要是针对间歇式沥青混合料搅拌设备而言的。间歇式沥青站的容量各厂家并不一致,主要有1000kg、2000kg、3000kg、4000kg、5000kg 5种。

(3)工作周期

沥青混合料搅拌设备的生产率由搅拌缸容量与工作周期决定。工作周期是指从搅拌缸放料到下一次放料的时间差,在标准工况下,一般为45s。但连续式沥青混合料搅拌设备不存在工作周期。

(4)额定生产率

额定生产率是指沥青混合料搅拌设备在标准工况下每小时的生产量。间歇式沥青混合料搅拌设备用额定生产率标定设备的生产能力,如:1000型的额定生产率为80t/h;2000型的额定生产率为160t/h;3000型的额定生产率为240t/h;4000型的额定生产率为320t/h;5000型的额定生产率为400t/h。

(5) 装机功率

装机功率是指一套沥青混合料搅拌设备所有用电设备的额定功率的总和。

(6) 燃油消耗率

燃油消耗率是指烘干滚筒上燃烧器生产1t合格成品料所消耗的燃料量。

(7) 环保性能指标

沥青混合料搅拌设备的整机环保排放指标包括大气污染物排放和噪声两个方面。按照《强制间歇式沥青混合料搅拌设备》(JT/T 270—2019)规定，大气污染物排放和噪声等环保性能的要求见表1-1和表1-2。

大气污染物排放要求　　　　　　　　　　　　　　表1-1

污染物项目	单位	新机限值			在用机限值			特别排放限值			污染物排放监测位置
		燃煤	燃油	燃气	燃煤	燃油	燃气	燃煤	燃油	燃气	
颗粒物	mg/Nm³	50	30	20	80	60	30	30	30	20	烟囱或烟道
二氧化硫	mg/Nm³	300	200	50	400	300	100	200	100	50	
氮氧化物	mg/Nm³	300	250	200	400	400	400	200	200	150	
烟气黑度	林格曼黑度,级	≤1			≤1			≤1			烟囱排放口

噪声要求　　　　　　　　　　　　　　表1-2

位置或范围	单位	限值
控制室操作位置	dB(A)	≤70
厂界环境	dB(A)	≤70

(8) 计量精度

沥青混合料是严格按集料、沥青、矿粉、添加剂的配合比来设计的,因而控制搅拌设备中集料、沥青、矿粉、添加剂的计量精度才能确保沥青混合料各材料组成比例符合设计要求。

《强制间歇式沥青混合料搅拌设备》(JT/T 270—2019)中对计量精度的要求见表1-3。

计量精度要求　　　　　　　　　　　　　　表1-3

项目	单位	技术指标
沥青计量精度	%	±2
粉料计量精度	%	±2
集料计量精度	%	±5

《沥青混合料和水泥混凝土搅拌设备计量系统》[JJG(交通)071—2006]要求沥青混合料搅拌设备计量精度应满足表1-4的要求。

组成材料配制计量装置误差　　　　　　　　　　　　　　表1-4

组成材料配制计量装置	沥青混合料搅拌设备(%)		
	示值相对误差(静态)	最大允许预设值误差(动态)	
		新制造	使用中、修理后
沥青计量装置	0.25	2.00	2.00
集料计量装置	0.50	2.50	5.00

续上表

组成材料配制计量装置	沥青混合料搅拌设备(%)		
	示值相对误差(静态)	最大允许预设值误差(动态)	
		新制造	使用中、修理后
粉料计量装置	0.50	2.50	5.00
掺合剂计量装置	0.50	2.50	5.00
外加剂计量装置	0.50	2.50	5.00

注:静态精度是指安装称重传感器后通过标准砝码校核,传感器显示的数值与砝码的数值之差除砝码值所得商的百分比,这是设备计量的系统误差,是不变的。动态误差是指传感器在物料放入秤中的实际计量值与计算机配方给定值之差与给定值的所得商的百分比。动态误差是可以调整的,反映出设备的实际计量水平,与调试和操作及参数设置有直接关系。由于传感器的比例线性特性,配合比与动态误差相关。动态误差是影响配合比的主要原因。

1.2.3 工艺流程

沥青混合料搅拌设备按工作类型分为间歇式和连续式两种。连续式工艺流程简单,而间歇式中目前使用最多的是强制间歇式搅拌设备,由于集料二次筛分,各种组分按批次计量,强制搅拌混合,能保证级配稳定,矿料与沥青的计量达到相当高的精度,所以拌和的沥青混合料质量好,可满足各种施工要求。下面主要以三一重工的 C8 系列型号强制间歇式沥青混合料搅拌设备为例讲解。

强制间歇式沥青混合料搅拌设备的主要工艺特征是:各种成分分批次计量,依预先设定的顺序投入搅拌器进行强制搅拌,卸出拌和好的成品料后,接着进行下一个循环,形成周而复始的循环作业过程。强制间歇式沥青混合料搅拌设备的主要工艺流程为:

(1)用运输机械将不同规格的集料装入对应的冷料仓内,经由变频器控制的(变频器参数根据级配类型、产量和配合比事先设定)皮带给料机计量后,经由集料皮带输送机、上料皮带输送机输送到干燥滚筒。

(2)干燥滚筒以逆流加热的方式将砂石料烘干并加热到固定温度(控制系统自动调节燃烧器的火焰大小)。由于滚筒的转动,砂石料被筒内的叶片反复提升、落下,形成料帘,增强了换热效果,并且借助于滚筒的倾角,砂石料在被加热的同时不断向前移动。从滚筒出口出来后,由热集料提升机提起,卸入热集料筛分机中。

(3)从干燥滚筒排出的高温含尘烟气首先经一级烟道进入重力除尘器初步净化(部分情况下,收集到粒径在 0.075mm 以上的粉末,由螺旋输送机送到热集料提升机的进口)。然后含尘烟气进入袋式除尘器,过滤后的烟气由引风机排入大气。袋式除尘器回收的粉尘由螺旋输送机送到回收粉料供给系统中储存。

(4)通过筛分机将热集料筛分成若干规格,分别进入相对应的热料储仓中存储。按照设定的配合比,不同规格的集料按粒径从小到大的次序分批投入石料计量仓内累加计量。同时沥青供给系统送来的热沥青和粉料供给系统送来的粉料,分别按设定的配合比投入各自的计量装置内计量。称重完毕后,依事先设定的顺序投入搅拌锅内进行强制搅拌。搅拌好的成品料卸到成品料提升小车中,经卷扬机提升卸到成品料仓内储存,也可选择直接卸到运料自卸卡车中。

(5) 控制系统依靠各传感器检测的信号,对物料配合比、沥青含量、材料温度等重要参数进行实时监控,从而确保所生产的混合料质量能满足用户的使用要求。在整个工艺流程中电控系统还设有连锁保护装置,使设备免遭意外机械事故。

需要说明的是,冷集料通过皮带给料机的容积计量是预计量,经筛分的热集料、粉料和热沥青的计量是精确计量。因有二次计量,其可有效保证沥青混合料的级配,且集料、粉料和沥青的配合比精度较高。集料由于是间歇式搅拌,也可方便地改变混合料配合比,做到不停机更改或更换配方。

间歇式沥青混合料搅拌设备的工艺流程如图1-4所示。

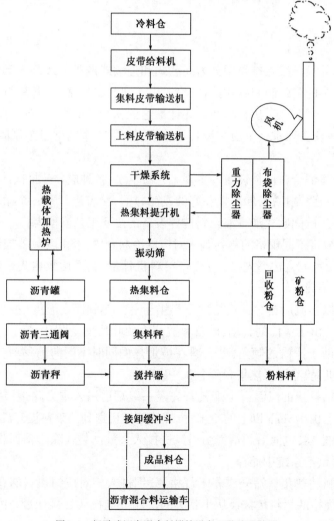

图1-4 间歇式沥青混合料搅拌设备工艺流程简图

注:根据用户使用需求,若无需使用回收粉尘时,可将回收粉仓导管与粉料秤分离,直接将回收粉尘作湿排处理。

1.3 沥青混合料搅拌设备基本构造

沥青混合料搅拌设备是将各个有相对独立性的系统连接起来,形成一个以搅拌器为中心的系统。相关系统主要包括:冷料供给系统、集料烘干加热系统、除尘系统、热集料提升机、振动筛、计量系统、搅拌系统、成品料储存系统、气动控制系统、电气控制系统等,如图1-5所示。

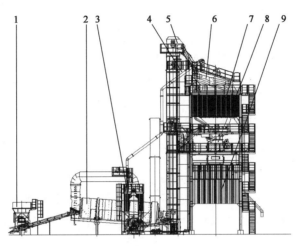

图1-5 间歇式沥青混合搅拌设备结构组成
1-冷料供给系统;2-集料烘干加热系统;3-除尘系统;4-粉料供给系统;5-热集料提升机;6-振动筛;7-热集料仓;8-计量、搅拌系统;9-成品料仓

1.3.1 冷料供给系统

冷料供给系统是沥青混合料搅拌设备生产流程的第一步,根据沥青混合料的级配要求对集料进行第一次配比。主要由若干独立的冷料仓、给料皮带输送机、一条集料皮带输送机和一条上料皮带输送机组成。构成简图如图1-6所示。

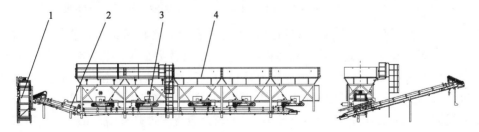

图1-6 冷料系统总体结构
1-上料皮带输送机;2-集料皮带输送机;3-给料皮带输送机;4-冷料仓

(1)冷料供给系统的料仓采用模块化设计,方便运输、安装、拆卸,安装时与料仓支撑底架连接成一个整体,其结构简图如图1-7所示。料仓开门机构采用手动调节方式,如果需要调节

集料级配,有两种调节方式,即改变冷料仓仓门的开度大小,或通过调节图1-7中的给料皮带输送机的带速来满足要求,但主要是通过调节给料皮带输送机的转速,当调节转速不能满足要求时,才使用改变仓门的方式。每个仓上面均覆盖有格栅网,可以在装载机向料仓倾倒集料时过滤掉超粒径集料,同时可以缓解集料对料仓的冲击。砂仓外壁装有振动电机,可以使砂子顺畅下落,防止起拱。冷料仓电动机的启动取决于拌和站其他电机(如干燥筒、除尘器等)的工作情况。因此只有上述电动机启动后,冷料仓才能启动。

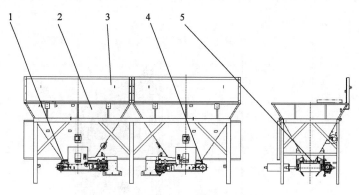

图1-7 冷料仓结构简图
1-料仓仓门;2-料仓;3-加高围裙;4-给料皮带输送机;5-料流检测开关

(2)给料皮带输送机的皮带为带挡边的波纹皮带,其优点是可以防止集料的旁侧溢撒,保持料场整洁,其结构简图如图1-8所示。

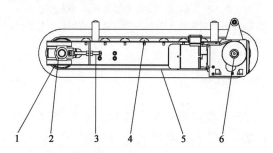

图1-8 给料皮带输送机
1-改向滚筒;2-滑动轴承;3-调节螺杆;4-托辊;5-带挡边波纹皮带;6-驱动减速电机

每个料仓下面配有一套给料皮带输送机,可将料仓中的给料送到集料皮带上。皮带运行速度可以通过变频器进行调整,具体视沥青混合料的级配需要而定。当皮带出现跑偏现象时,可通过图1-8中的调节螺杆进行纠正。如当带挡边的波纹皮带向外侧跑偏时,则应通过外侧的调节螺杆将图1-8中的滑动轴承推向右边,直到皮带不再跑偏为止,反之亦然。在皮带调节过程中应把握一个原则:皮带张力不应过小,过小则会造成皮带打滑;若过紧,则会造成滚轮轴承应力反常,磨损严重且耗电量大,皮带容易过早损坏。

(3)集料皮带和上料皮带应以恒定速度运转,头部带有刮板式的清扫器,可以刮掉皮带外表面黏附的细砂,如图1-9所示。尾部带有重力式的清扫器,如图1-10所示,防止集料等进入改向滚筒,损伤皮带。

第1章 沥青混合料搅拌设备工作原理与构造

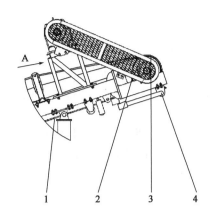

图1-9 集料、上料皮带输送机驱动端结构
1-送料皮带;2-调节螺杆;3-驱动滚筒;4-头部清扫器;
A-皮带旋转方向

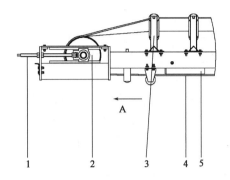

图1-10 集料、上料皮带输送机从动端结构
1-调节螺杆;2-改向滚筒;3-槽形托辊;4-送料皮带;
5-尾部清扫器;A-皮带旋转方向

集料皮带和上料皮带的结构基本一样,但集料皮带的长度比上料皮带要长许多,集料皮带跑偏的概率比上料皮带要大许多,因此在安装调试时注意以下几点:

①上料皮带的支撑基础的水平高度一定要保持一致;

②集料皮带机架安装一定要拉紧并保持平直,保证机架的平直才能保证皮带运行的稳定;

③安装时皮带不要拉得太紧或太松,以皮带不打滑为准则;皮带张力过小则会造成皮带打滑;过大则会造成滚轮轴承应力反常,磨损严重且耗电量大。

若皮带出现跑偏,其原因比给料皮带输送机复杂,可按下列方法逐一排除:

①按给料皮带输送机中介绍的纠偏方法调整图1-10中的调节螺杆,并可按此方法微调图1-9中的调节螺杆;

②检查皮带机机架摆放是否水平,如不平则应垫平。

③检查各槽形托辊支架的安装是否与皮带机架垂直,并可根据图1-11所示原理,在皮带机上几个适当的位置对槽形托辊的安装角度进行调整,选择的槽形托辊的数量可视实际情况而定。

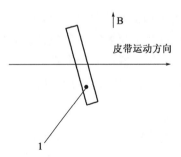

图1-11 槽形托辊安装角度纠偏原理图
1-槽形托辊;B-皮带跑偏方向

集料通过上料皮带进入干燥滚筒,在给料皮带和上料皮带之间设有栅格,以防止过大给料流入干燥滚筒。安装时应使从集料皮带流出的集料落在栅格长度方向靠上2/5处,以达到有效筛分的目的。

1.3.2 集料烘干加热系统

集料烘干加热系统是沥青混合料搅拌设备的主要部件之一,其主要功能是加热与烘干集料,并将集料加热到能够获得高质量沥青混合料所需要的温度。为了消除集料中的水分,烘干加热系统必须要提供一定的热量,以便将集料中水分烘干,使水分转化为水蒸气,同时将集料加热到需要的温度。

烘干加热系统为旋转的、长圆柱形的筒体结构,如图 1-12 所示。从冷料供给系统的上料皮带出来的集料通过进料箱进入滚筒,与燃烧器产生的热气直接接触而被烘干,同时升至设定的温度,从集料出口斜槽流出进入热集料提升机。

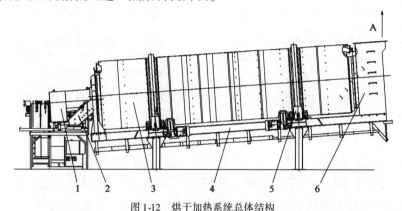

图 1-12　烘干加热系统总体结构
1-燃烧器;2-集料出口斜槽;3-干燥滚筒;4-支架;5-驱动装置;6-进料箱;A-烟气

干燥滚筒的筒体由耐热、耐磨的锅炉钢板卷焊而成,其受热前后的热膨胀一致,可防止高温导致的变形。

筒体的支架与水平面之间有一个倾斜角度,目的在于使干燥滚筒工作时处于一个倾斜位置,以便集料在滚筒内被反复提升的过程中不断向前移动,流向出料端。为了提高干燥滚筒的热交换效率,必须尽可能地限制空气从滚筒与进、出料箱的结合部进入干燥滚筒内,其密封形式如图 1-13 所示。图 1-13a)所示密封装置位于集料出口的前端,为迷宫式密封,可以通过调整集料出口斜槽在支架上的位置来调整其间隙,以减少漏气。图 1-13b)所示密封装置位于集料入口的前端,为接触式密封,通过在滚筒上安装耐热、耐磨的密封橡胶板与进料箱的密封环相接触而进行密封。密封橡胶的安装位置可作径向调整,在局部磨损后可以进行补偿。当滚筒处于工作状态时,不允许对两端的密封装置进行调整,以免发生危险。

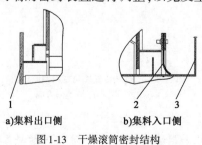

a)集料出口侧　　b)集料入口侧
图 1-13　干燥滚筒密封结构
1-集料出口斜槽;2-密封橡胶;3-进料箱

用于驱动干燥滚筒旋转的传动装置,采用摩擦驱动,4个驱动轮均为主动轮,如图1-14所示。当驱动轮处于工作状态时,不允许用手触摸驱动轮和滚圈,以免发生危险。

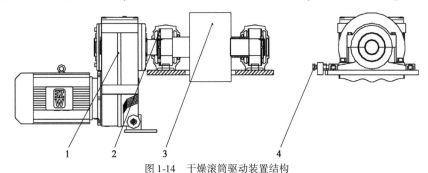

图1-14　干燥滚筒驱动装置结构
1-减速电机;2-驱动轮支架;3-驱动轮;4-调节螺栓

在支架靠近进料箱侧的滚圈两边装有限位轮,如图1-15所示,限位轮可将干燥滚筒纵向固定在应有的位置上工作。当限位轮处于工作状态时,不允许用手触摸限位轮和滚圈,以免发生危险。

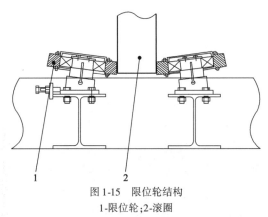

图1-15　限位轮结构
1-限位轮;2-滚圈

为了使集料在干燥滚筒内均匀分散地前进,并能充分地吸收热量,滚筒内装有若干排弯曲成一定形状的叶片。

干燥滚筒内部的结构按功能来分,主要由以下四部分组成:

(1)进料区。该部分叶片为螺旋叶片,其功能是将集料导入干燥滚筒内并快速向前移动。

(2)热交换区。为强化热气和集料之间的热交换,叶片的设计使集料在此区域多次被提升和自由洒落,形成均匀的料帘,使热气能充分穿越料帘,并与集料进行热交换。

(3)燃烧区。为使燃料能充分燃烧,在该区段装上一些特别的含料叶片。其可使集料在向前移动的过程中被提起并紧贴在筒体内壁而不会落下挡住火焰,同时又能够达到在滚筒内部加热集料的目的,而且还可以减少由于燃油滴被集料撞落造成的不完全燃烧的损失、减少通过滚筒壁散热的损失、减轻热辐射对滚筒壁的损害。

(4)出料区。将集料迅速提起,并送入出料箱集料出口斜槽卸出。

1.3.3　除尘系统

除尘系统功能是将干燥滚筒里产生的燃烧废气及其他各个装置内产生的粉尘收集处理,

排放出符合环保要求的气体。除尘系统由一级烟道、第一级重力除尘器、第二级布袋除尘器、二级烟道及引风机等部分组成。较大粒径的粉尘由重力除尘器分离收集,布袋除尘器过滤细微粉尘。为方便运输、安装,且保证结构紧凑,第一级重力除尘器和第二级布袋除尘器集成为一个整体,如图1-16所示。

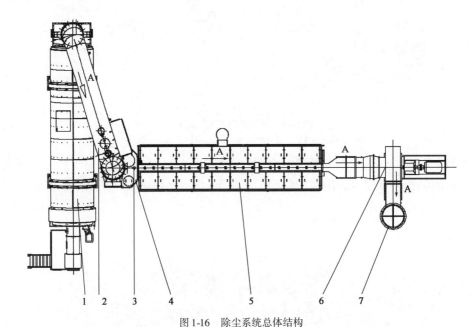

图1-16 除尘系统总体结构
1-干燥滚筒;2-烟道;3-温度传感器;4-重力除尘器;5-布袋除尘器;6-引风机;7-烟囱;A-烟气

除尘系统在负压环境下运行,通过调整引风机风门开度大小控制风压和风量。重力除尘器收集的粗粉尘通过重力卸灰阀进行排放,由螺旋输送机送至热集料提升机。布袋除尘器收集的细粉尘通过螺旋送料机送到回收粉提升机。提升、筛分、计量和搅拌等环节产生的粉尘通过排气管道汇入一级烟道,经布袋除尘器净化的空气从烟囱排到大气。

1. 重力除尘器

若入口粉尘浓度高,则出口浓度也较高。随着除尘效率的提高,出口粉尘浓度会降低,除尘效率有效,但超过一定值,则很难再提高。为了使出口粉尘浓度降低,应尽量降低入口粉尘浓度。因此实际生产量不应超过设计的生产能力,这样可以保证粉尘排出浓度满足要求,同时也可确保各排气管道及螺旋送料机的使用寿命。

2. 布袋除尘器

布袋除尘器采用大气反吹原理清理布袋,因此该除尘器必须在负压环境下工作。含尘气体进入布袋除尘器的入口,经布袋过滤后,灰尘黏附在布袋上,净化后的空气通过引风机排入大气。

周期性向布袋除尘器内部吹入空气以清除布袋上附着的粉尘。所有布袋分成若干个隔仓,每个隔仓相互之间完全密封。一次清洁一个隔仓,因此布袋除尘器可以同时进行除尘和清洁。收集的粉尘经螺旋送料机和卸灰阀排出。使用布袋除尘器的过程中,螺旋送料机和卸灰阀要始终处于工作状态,避免粉尘堆积在底部。

3. 大气反吹

布袋除尘器可划分为多个布袋隔仓,在清灰阶段,除尘器会因为负压的存在迫使空气从布袋的入口流到出口,从而将布袋鼓起,使得沉积在外表面的灰尘落入集料斗中。位于集料斗底座的螺旋输送机则将灰尘排放到外面。

1.3.4 粉料供给系统

粉料供给系统是沥青混合料搅拌设备的主要部件之一,其主要功能是用于矿粉的储备及回收粉的回收利用,共有两个粉罐,一个用于添加矿粉,另一个回收除尘器过滤粉尘。两个粉罐均由罐体、粉料提升机、过渡粉斗及螺旋输送机等组成。矿粉和回收粉可按照一定的比例由螺旋输送机送至搅拌楼上称量搅拌,可分别完成矿粉和回收粉的提升、储存及输送等功能。按照《公路沥青路面施工技术规范》(JTG F40—2004)要求,回收粉可作为矿粉的一部分回收使用,但每盘用量不得超过填料总量的25%,且掺有粉尘填料的塑性指数不得大于4%。另外,为保证工程质量,高等级公路不建议使用回收粉。

粉料供给系统主体为长圆柱形的筒体结构,如图1-17所示。矿粉通过气力输送送入上粉罐(利用散装水泥车),再由螺旋输送机送至搅拌楼上称量搅拌;回收粉由螺旋输送机送入斗式提升机,再由斗式提升机送入过渡粉斗,过渡粉斗出口有两条通道,若回收粉不能再利用,则走第一通道直接回下粉罐;若回收粉能再利用,则走第二通道由螺旋输送机送至搅拌楼上称量搅拌。

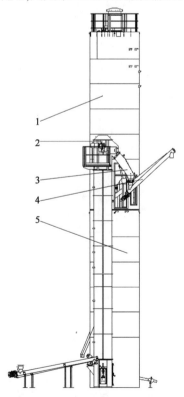

图1-17 粉料供给系统总体结构
1-上粉罐;2-斗式提升机;3-过渡粉斗;4-螺旋输送机;5-下粉罐

1.3.5 热集料提升机

热集料提升机(图1-18)的作用是将从干燥滚筒出来的烘干热集料提升输送到位于搅拌主楼最上部的振动筛上。热集料提升机主要由以下几部分组成：

(1)上部区段：由上部机壳、上罩和传动链轮组成。

(2)下部区段：由下部机壳和拉紧链轮组成。提升链条采用螺杆加弹簧调节方式张紧，能自动调整因链条磨损而产生的转动松弛现象，且可缓冲由突发冲击负荷而引起的附加应力。链轮为可拆卸轮缘的组装式结构，使用寿命长，便于维修更换。

(3)中部区段：由起支撑、防护和密封作用的中部机壳组成。中部机壳为标准节式结构。

(4)驱动装置：轴装式斜齿轮减速电机(带制动)整体式驱动装置。

(5)运行部分：由料斗、板链等组成。牵引件采用高强度板链，其材质为优质低碳合金结构钢，经热处理后具有很高的抗拉强度和耐磨性，因而性能可靠，寿命长。链条上等距安装提升斗。

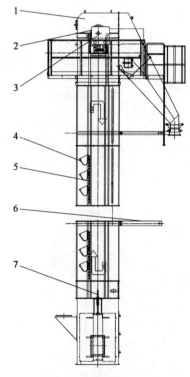

图1-18 集料提升机结构
1-壳体；2-传动链轮；3-减速电机；4-料斗；5-板链；6-支撑机壳；7-张紧螺杆

1.3.6 振动筛

振动筛可将热集料提升机输送来的热集料进行分级，并输送到热集料仓。热集料进入筛分机后被筛分成多种规格，分别进入热集料储仓内。振动筛顶部设有分配阀，热集料也可以不经过筛分,直接进入旁通仓。

振动筛结构形式为卧式直线式,由筛箱、振动器、减振支撑装置、分配阀四部分组成,如图1-19所示。

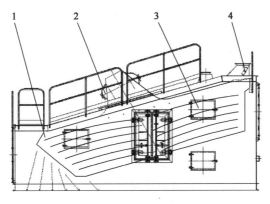

图1-19 振动器结构图
1-筛箱;2-振动器;3-减振支撑装置;4-分配阀

作为振源的两套振动器分别安装在筛箱的安装座上,当集料进入筛后同筛箱一起形成参振质量,在减振弹簧支撑下构成整个振动系统,如图1-20和图1-21所示。两组振动器之间用万向联轴节连接,每组振动器上分别装有对称相等的偏心质量,在轴承支撑下,电机传动装置传过来的动力,使两套振动器上的偏心质量作自同步异向旋转,离心力呈时而叠加、时而抵消的周期交变状态,使整个参振系统沿直线轨迹做往复振动。

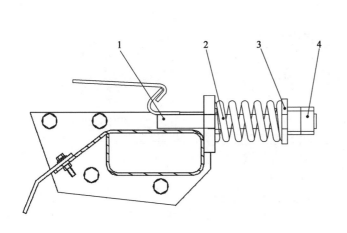

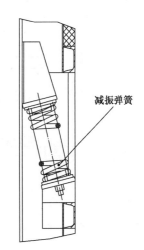

图1-20 筛箱内筛网拉撑结构图
1-筛网拉杆;2-拉网弹簧;3-弹簧座;4-螺母

图1-21 减振支撑装置

筛网全部为编织筛网,为前后张紧形式,如图1-20所示。采用五层五规格筛结构,筛网纵向拉紧,振动筛内部装有4层或5层筛网。出厂配置的标准筛网孔径分别为3mm、6mm、11mm、22mm、35mm,用户可按生产需要配置相应的筛网。图1-22为SLB3000C8型沥青混合料搅拌设备的筛网尺寸。

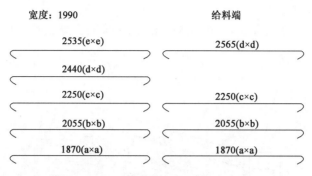

图 1-22　SLB3000C8 型沥青混合料搅拌设备筛网尺寸(单位:mm)

筛网是振动筛的重要组成部分,正确选择、采用高质量的耐磨筛网,可保证混合料的精确级配,并且可防止混料现象的发生。耐磨筛网是由高碳高锰钢丝编织而成,耐磨性能好,但抗疲劳性能相对较差,使用中张紧筛网是避免早期异常损坏和保证筛网使用寿命的关键。

合理选择搭配筛网规格对保证产量和筛分质量特别重要。通常的配筛原则为:最大筛孔尺寸根据规范对最大粒径的要求确定;最小和次小筛孔的尺寸根据达到容易控制级配线右段走向的要求进行确定;其余筛孔的尺寸应满足各个料仓分配尽量均衡的原则来确定。

1.3.7　计量系统

计量系统是根据沥青混合料的配合比,对集料、粉料和沥青进行计量并将其从卸料门或卸料阀卸入搅拌器的装置。计量系统包括集料秤、沥青秤和粉料秤,卸料门或卸料阀是由气缸驱动实现开启与关闭的。其结构如图 1-23 所示。

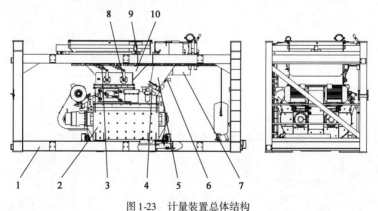

图 1-23　计量装置总体结构

1-机架;2-搅拌器;3-集料秤驱动气缸;4-粉料秤气动蝶阀;5-粉料秤;6-沥青秤气动蝶阀;7-沥青秤;8-集料秤门装置;9-称量传感器模块;10-集料秤

1.3.8　搅拌系统

搅拌系统主要由搅拌器组成。搅拌器是将按生产配合比计量完毕后依设定顺序分别投入集料、粉料及沥青后,混合搅拌均匀并排出的装置。搅拌器的结构为双卧轴式,两台减速机凭借一根传动轴达到强制同步,它们转速相等,旋向相反。轴上装有多根搅拌臂,臂端用螺栓连接耐磨叶片。搅拌好的沥青混合料从底部的卸料门排出。搅拌器的结构如图 1-24 所示。

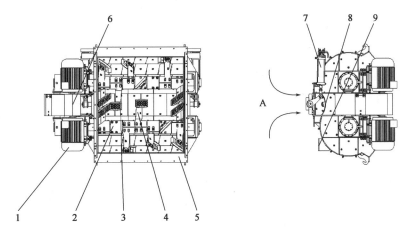

图 1-24 搅拌器结构图

1-减速电机;2-搅拌轴;3-搅拌叶片;4-搅拌臂;5-搅拌器箱体;6-高速同步装置;7-门上驱动气缸;8-搅拌器门装置;9-安装座;A-搅拌轴转动方向

1.3.9 成品料储存系统

成品料从搅拌器卸料门卸出,由运料小车送到成品料仓里暂存。由于是间歇式设备,即称量与搅拌是分批进行的,一个生产循环约为45s,运料小车的运行节奏与之一致,所以采用成品料提升与储存系统将搅拌好的料快速及时地存储起来是提高设备生产率的保证。

在特殊情况下,运输车辆可直接进入拌缸底部接料。在车辆进行接料前,应先将小车手动操纵到搅拌楼外定位,用电动葫芦将前段运行轨道抬高至水平位置。

成品料储存系统结构见图1-25。

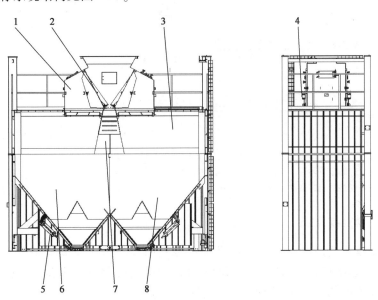

图 1-25 成品料储存系统结构

1-粉料仓;2-翻板门;3-成品上仓;4-翻板气缸;5-卸料门气缸;6-一号成品仓;7-废品仓;8-二号成品仓

1.3.10 沥青导热油加温系统

沥青导热油加温系统的工作原理是：传热介质导热油在一个密闭的循环系统中，从燃烧器吸收柴油燃烧时释放的热量，使温度升高，高温的导热油通过循环管道加热沥青以及沥青管道，降温后的导热油经过时再次被加温，周而复始，直至沥青和管道达到所需的温度。由于现在多数系统的燃烧器采用可编程控制器（PLC）控制，性能稳定，所以沥青导热油加温系统也可称为"无人值守自动加温系统"。要使其安全可靠地发挥最大的效能，正确使用与维护是关键。

本装置利用自动燃烧器将导热油加热至 180～210℃，并通过循环泵，对沥青罐、搅拌缸、重油加热器、重油罐、沥青和重油管道等进行加热保温，将沥青、重油等加热到所需的温度。

沥青导热油加温系统结构见图 1-26。

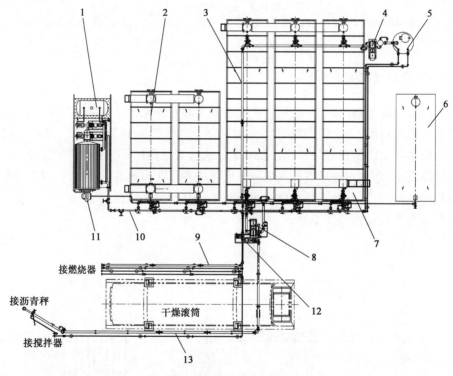

图 1-26 沥青导热油加温系统结构

1-导热油炉;2-重油罐;3-沥青循环管;4-沥青加注泵;5-沥青接卸罐;6-燃油罐;7-沥青罐;8-沥青循环泵;9-重油管路;10-导热油管路;11-导热油炉燃烧器;12-重油泵;13-沥青主管路

1.3.11 气动控制系统

气动控制系统主要用于控制各个称量斗门、放料门、阀门等装置的运行。气动控制系统的运行状态，将直接影响搅拌设备的产量精度和性能。气动控制系统主要由气源、控制元件、执行元件和辅助元件四部分组成。

（1）气源是获得压缩空气的能源装置，其主体部分是空气压缩机、冷干机、储气罐、过滤器等。

（2）控制元件是用以改变压缩空气的流向、压力、流量来实现执行元件所规定动作的元件，如电磁阀、快排阀等。

（3）执行元件是以压缩空气为工作介质产生机械运动，并将气体的压力能转变为机械能的能量转换装置。在本设备中，执行元件主要为气缸，且为双作用气缸。

（4）辅助元件是使压缩空气净化、润滑、消声以及用于元件间连接等所需要的一些装置，包括气源处理元件、气路管道、接头等。

1.3.12 电气控制系统

电气控制系统作为整个沥青混合料搅拌设备的核心部分之一，其运行的稳定性影响着整个设备的性能。电气控制系统由上位机、燃烧器控制系统、可编程控制系统、配料计量控制系统、沥青加热输送控制系统、空气动力控制系统等部分组成。上位机系统采用两套商用计算机，内装编程软件（如西门子STEP 7）；下位机采用PLC模块（如三一SYMC或者西门子S7-300等），包括CPU、I/O输入输出、模拟量输入输出、PROFIBUS通信卡等；整个系统具有双机双控功能，即使一台计算机出现故障，设备也能照常运行。

系统采用全集成自动化控制的理念。所有的I/O信号、模拟量信号进入PLC模块，通过PROFIBUS这条主脉与两套上位机连接；整个控制全部集中在PLC中，使各个部分的控制能很好地联系在一起，实现自动控制。

系统能够完成各个工作状态的控制、配料计量的数据管理等搅拌设备运行所需的全部控制功能。同时具有完善的保护措施，可在上位机界面实时监控各部位运行状况，作出相应指示。

系统工作原理图见图1-27。

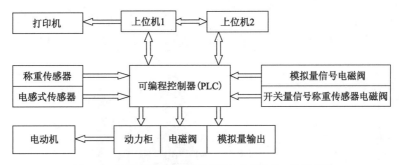

图1-27　间歇式沥青混合料搅拌设备控制系统工作原理图

1.4　厂拌热再生设备基本构造

厂拌热再生技术是将铣刨的沥青混合料回收料运送到拌和厂后，进行破碎、筛分，然后以旧料中沥青的含量、沥青的老化程度、级配等指标为依据，根据计算结果，掺入一定量的新集料、新沥青和再生剂（必要时）进行拌和，使得再生沥青混合料达到规范规定的各项指标，最后按照与铺筑普通沥青路面完全相同的方法来铺筑沥青路面。其特点是质量易于控制，可对不同的旧材料进行再生，可利用现有的施工设备，投资小。由于厂拌热再生设备一般是基于间歇式沥青混合料搅拌设备进行改造，因而在此进行专门介绍（图1-28）。

图1-28　厂拌热再生设备

与普通沥青混合料的生产工艺相比,旧料的加热是厂拌热再生的核心工艺。厂拌热再生设备的工艺流程(图1-29)一般包括：

(1)旧沥青料经集料皮带、上料皮带和斗式提升机送入顺流式干燥滚筒内。

(2)旧沥青料经烘干、加热后,存入热料暂存仓。

(3)在热料计量仓通过累加式计量后,经溜道卸入搅拌主机,与同时加入称量后的原生集料、沥青和粉料搅拌直至均匀出料。

(4)厂拌热再生设备生产过程中产生的尾气通过尾气处理系统输送至强制间歇搅拌设备的除尘系统过滤除尘后排出。

厂拌热再生设备主要包括：冷料供给系统、提升系统、烘干加热系统、热料仓、计量系统、溜道、防黏剂喷洒系统、油路系统、气动系统、烟道系统、控制系统等,如图1-30所示。

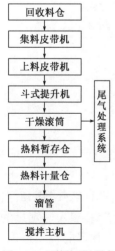

图1-29　厂拌热再生设备
工艺流程简图

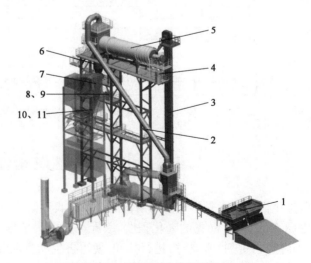

图1-30　厂拌热再生设备总体结构
1-冷料供给系统;2-烟道系统;3-提升系统;4-控制系统;5-烘干加热系统;6-热料仓;7-计量系统;8-气路系统;9-油路系统;10-溜道;11-防黏剂喷洒系统

1.4.1 冷料供给系统

冷料供给系统是厂拌热再生设备生产流程的开始,根据筛分规格对回收料进行第一次配比。它主要由两个独立的冷料仓、集料皮带输送机、上料皮带输送机组成。其构成简图如图 1-31 所示。

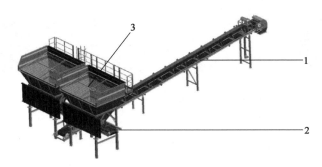

图 1-31　冷料系统总体结构
1-上料皮带输送机;2-集料皮带输送机;3-冷料仓

冷料仓、上料皮带、集料皮带结构及调节方法可参考图 1-6 至图 1-10。

1.4.2 提升系统

提升系统的作用是把回收料输送至主楼上的干燥滚筒进行加热,同时可节约场地。提升系统主要包括以下几部分:

(1)上部区段:由上部机壳、上罩和传动链轮组成。

(2)下部区段:由下部机壳和拉紧链轮组成。提升链条采用螺杆加弹簧调节方式张紧,能自动调整因链条磨损而产生的转动松弛现象,且可缓冲由突发冲击负荷而引起的附加应力。链轮为可拆卸轮缘的组装式结构,使用寿命长,便于维修更换。

(3)中部区段:由起支承、防护和密封作用的中部机壳组成。中部机壳为标准节式结构。

(4)驱动装置:轴装式斜齿轮减速电机(带制动)整体式驱动装置。

(5)运行部分:由料斗、圆环链、链环钩等组成。牵引件采用高强度圆环链,其材质为优质低碳合金结构钢,经热处理后具有很高的抗拉强度和耐磨性,因而性能可靠,寿命长。链条上等距安装提升斗。

(6)溜道部分:由检修平台、检修口、溜道主壳以及耐磨衬板组成。

1.4.3 烘干加热系统

烘干加热系统是热再生搅拌设备的主要部件之一,其主要功能是用于加热与烘干铣刨料,并将它们加热到能获得高质量沥青混合料所需要的温度。为了消除铣刨料中的水分,烘干系统必须要提供一定量的热量,以便将铣刨料中水分烘干,使水分转化为水蒸气,同时将铣刨料加热到需要的温度。

烘干加热系统为旋转的、长圆柱形的筒体结构(图 1-32)。从提升系统的溜道出来的铣刨料从进料箱体进入干燥滚筒,通过耙齿将铣刨料翻转形成料帘,再与燃烧器产生的热气直接接触而被烘干加热,同时升温至设定的温度,从干燥滚筒出口流出,进入出料箱。

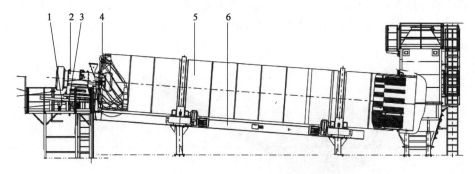

图1-32　烘干系统总体结构
1-锁紧装置;2-燃烧器机体;3-燃烧器轨道;4-进料箱体;5-干燥滚筒;6-出料箱

1.4.4　热料仓

烘干后的热再生料从出料箱落下进入热料仓,由于原生机通常为间歇式搅拌设备,即称量与搅拌分批进行,约45s为一个生产循环,待称量的热再生料就暂存在热料仓中。热料仓为一个筒状结构,为避免再生料黏在内壁,其下段为倒锥形且带有加热保温系统(图1-33)。热料仓带有称重传感器,用于控制其中的再生料总质量在一定范围内,其底部为气缸控制开闭的卸料门,当计量系统开始称重时,卸料门打开,热再生料落入计量仓内,计量结束后放料门关闭。

图1-33　热料仓结构

1.4.5　计量系统

热再生设备的计量系统主要根据沥青混合料的配比对热再生料进行计量。为避免内壁黏料,其结构也为倒锥形,且带有加热保温系统(图1-34)。计量系统上端与热料仓连接,下端为卸料门,由气缸驱动实现开闭,热再生料计量好后,卸料门打开,再生料落入溜道。

图 1-34　再生计量系统

1.4.6　溜道

溜道为连接热再生设备与沥青搅拌设备(原生机)的桥梁。溜道为倾斜的滑梯形结构(图 1-35),其上端与计量仓底部连接,下端插入原生机搅拌系统,计量仓中的热再生料在计量好后通过卸料门落入溜道,最终滑入搅拌缸,与新集料、新沥青和矿粉等进行拌和,制成再生沥青混合料。

图 1-35　溜道

为避免内壁黏料,溜道截面为扁 U 形,且底部分布有导热油管道进行保温。

1.4.7　防黏剂喷洒系统

由于再生料含有沥青,且温度不能保持全程稳定,不可避免地存在一定的黏料现象,防黏剂喷洒系统是用于改善热再生设备各部件黏料情况的一套装置(图 1-36)。再生设备工作前与停机后,防黏剂喷洒系统工作,在热料仓、计量斗和溜道等易黏料位置喷洒防黏剂。柴油为最常用的一种防黏剂,但是柴油能溶解沥青,会影响沥青混合料的质量,因此不宜在生产过程中过多使用。

图 1-36　防黏剂喷洒系统

1.4.8　油路系统

热再生设备的油路系统主要由泵组（图 1-37）、重油管路、热油管路、重油箱等组成，重油从地面的油罐经过泵组泵到顶楼平台的重油箱，再通过油泵泵入燃烧器燃烧，热油管路用于溜道的保温和重油管路的保温。

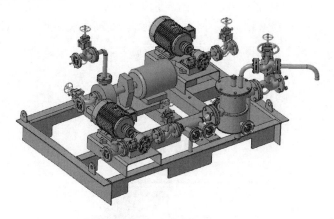

图 1-37　油路系统泵组

1.4.9　气路系统

热再生设备的气路系统主要由空压机、储气罐、气动控制元件（三联件、电磁阀）和执行元件（气缸）及管路等组成。主要用于控制各卸料门的开闭、油路系统阀门的开闭，以及防黏剂喷洒等。

1.4.10　烟道系统

热再生设备的烟道系统用于对回收料烘干过程中产生的尾气进行处理。目前通常的处理方式包括粉裹烟技术和二次燃烧技术。

粉裹烟技术是借用了沥青搅拌设备的除尘系统抽吸热再生设备的尾气，再生尾气与原生含粉尘的尾气在除尘系统完成混合后，经布袋过滤排放。此技术设备结构简单，维护工作少，但是含沥青烟的尾气进入除尘系统将加快布袋更换周期,环保效果略差。粉裹烟烟道系统主要由烟道、气动风门阀、上调节风门、下调节风门组成,其结构见图1-38。

二次燃烧技术是由引风机抽吸热再生设备的尾气并送入原生机干燥滚筒进行焚烧处理,焚烧后与原生机尾气一起经布袋过滤后排放。此技术设备结构复杂,维护工作较多,再生尾气中的沥青烟处理效果好。二次燃烧烟道系统主要由上烟道、气动风门阀、沉降箱、引风机、下烟道组成,其结构见图1-39。

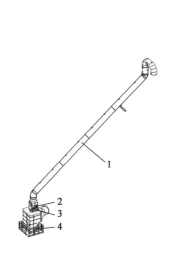

图1-38 粉裹烟烟道系统结构示意图
1-烟道;2-气动风门阀;3-上调节风门;4-下调节风门

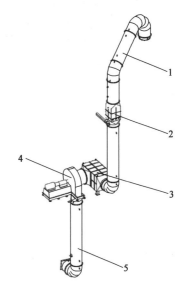

图1-39 二次燃烧烟道系统结构示意图
1-上烟道;2-气动风门阀;3-沉降箱;4-引风机;5-下烟道

1.4.11 控制系统

热再生设备的控制系统整体构成与沥青混合料搅拌设备相同,并且可将两套设备的控制系统进行融合以达到更好的生产性能。

第2章 间歇式沥青混合料搅拌设备生产控制关键技术

2.1 场站建设规范化

沥青混合料搅拌设备场站应合理布局规划,应设置在距离居民区、学校等环境敏感点300m以外的地方,避开易滑坡、冲沟、崩塌、泛洪区等危险地段,尽量设在主要风向的下风处(图2-1)。

图2-1 场站建设规范化

高速公路沥青混合料搅拌设备场地面积一般不宜小于20000m^2,应根据实际情况集中布置,宜采用封闭式管理,四周设置围墙,入口处设置门岗,有条件的宜设置全范围的视频监控系统。

场站所涉及范围地面均应进行硬化处理(图2-2),避免扬尘积水。场区道路宽度宜不小于6m,并采用20cm厚级配碎石垫层+20cm厚C20水泥混凝土进行硬化处理。场站内排水宜按照中间高四周低的原则预设不小于1.5%的排水坡度,四周宜设置砖砌排水沟,并采用M7.5砂浆进行抹面。

图 2-2　场站地面硬化

拌和站建设应综合考虑施工生产情况，合理划分拌和作业区、材料计量区、材料库、运输车辆停放区、试验区、集料堆放区及生活区等，并设置平面布置示意图。

材料计量区可搭设高架平台（图 2-3），以方便工作人员对混合料成品料质量进行直观观察、样品取料以及温度检测等。

图 2-3　计量区搭设高架平台

场站内设洗车池（洗车台）、污水沉淀池和排水系统，场站外侧应在合适的位置设置污水过滤池，严禁将站内废水直接排放。

凡用于工程的砂石料应满足级配要求，不同粒径、不同品种分场存放，不同储料仓应采用同规格砖墙或浆砌片石砌筑，墙体高度不低于 3m，墙体宽度不小于 50cm，并用水泥砂浆抹面。

成品集料各堆放区内地面形成向外侧的排水坡面，坡度不小于 1.5%，内外墙下部预留孔洞，以便排水，并在料场口设置排水沟，防止料场积水。

路面面层粗细集料的储料仓应搭设轻型钢结构顶棚（图 2-4），防止雨淋，高度应满足机械设备操作空间（一般不宜小于 7m），并满足受力、防风、防雨、防雪等要求。

图 2-4 储料仓建设标准化

集料应根据材料品种、用途及规格分仓堆放(图 2-5),不得混堆或交叉堆放,集料堆放高度不宜超过 4m,堆放集料过程中应避免发生离析。

a)小车堆卸料　　　　　　　　　b)斜坡式分层堆料

c)水平分层堆料

图 2-5 正确的堆料方式

不同规格的材料应设置清晰的标识牌(图 2-6),注明材料品名、用途、规格、最近检验时间、最近检验结果等内容。

图 2-6 场站材料标志标牌

沥青混合料搅拌设备场站内相关危险源上应当粘贴明显的安全防范标志(图2-7),时刻做好安全生产工作。

图2-7 安全标志标牌

2.2 搅拌设备的选择

间歇式沥青混合料搅拌设备(图2-8)应具有良好的使用性能,对于高速公路项目,宜选用4000kg及以上,额定生产能力不小于320t/h的搅拌设备,配备计算机及打印设备。施工沥青马蹄脂碎石(SMA)路面需配置纤维自动化计量和添加设备。为满足日常生产需求,每台搅拌机应配备不少于4个沥青罐、2个矿粉罐、5至6个冷料仓、5个热料仓等。

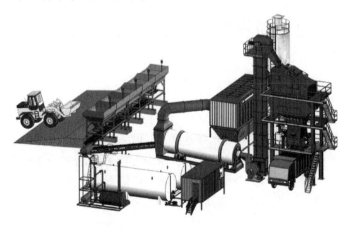

图2-8 间歇式沥青混合料搅拌机

沥青混合料搅拌设备应具有足够的沥青储存罐(图2-9),其中道路石油沥青和改性沥青(含橡胶改性沥青)存储罐各2个,且改性沥青存储罐应配备搅拌装置。一般沥青罐容积不小于300t,为每天需用量的3至4倍。

沥青储存罐应具有保温和自加热功能,用于储存熔化、脱水后的沥青,并能将沥青的温度保持在要求的范围之内。罐体的端面设有温度计和液体指示计,用于显示罐内沥青的温度和液面位置。

图 2-9 沥青储存罐

每个搅拌设备宜配备不少于 80m³ 的热储料仓。储料仓储存时间不宜超过 24h，温度不低于 175℃。

沥青混合料搅拌设备应具有足够的计量精度。搅拌设备称重、温度等计量设备应通过当地授权部门标定后方可投入生产，使用过程中应不定期进行复检，确保计量准确。搅拌设备生产过程中禁止进行手动补料等一切人为干扰行为。

每个沥青混合料搅拌设备生产控制系统宜加装信息化监控系统，对生产过程进行实时监控，建立搅拌设备全过程掌上 App 监控系统和预警信息推送，业主、监理、施工等各方可通过掌上 App 实现远程监控，搅拌设备温度、重量等计量异常自动及时推送预警信息，实现沥青混合料搅拌设备精细化、智能化管理。

2.3 搅拌设备的计量控制与校核

搅拌设备的计量采用全自动软件系统控制，材料参数必须按照审批后的结果录入系统，不得人为随意改动或手动增减材料。

调试和标定拌和设备，首先对集料计量精度进行标定，并根据不同转速下集料的重量，按照各档材料比例关系，调整各个料斗的进料速度，确保生产出的混合料级配满足要求。

各热料仓向称量斗中卸料应按照以下次序：先卸粗集料，然后卸中等规格的集料，最后卸细集料。按照这个次序，细集料留在称量斗的上部，细集料就不会从称量斗下端的出料口漏出。

矿粉与沥青尽管所占比重较小，但对成品沥青混合料的品质影响很大，因此也必须要进行准确的计量控制。

矿粉必须单独计量，不允许与砂石料累计计量，矿粉计量装置由称量斗和电子计量秤组成，称量斗的密封性也是影响矿粉添加准确性的关键因素，称量斗的斗门内侧应附有橡胶板，以便与斗的内部很好地贴合。矿粉计量斗的容量通常为搅拌器容量的 20%。

沥青称量斗一般用 3 个拉力式称量传感器与热矿料称量斗、矿粉称量斗悬吊在同一层机架上。沥青称量斗的容积一般为搅拌器容量的 12% 以上，采用双层结构，外层用蒸汽或导热油进行保温。

搅拌设备控制室要逐盘打印沥青及各种矿料的用量和拌和温度（图 2-10），并定期对拌和楼的计量和测温设备进行校核;没有材料用量和温度自动记录装置的拌和机不得使用。

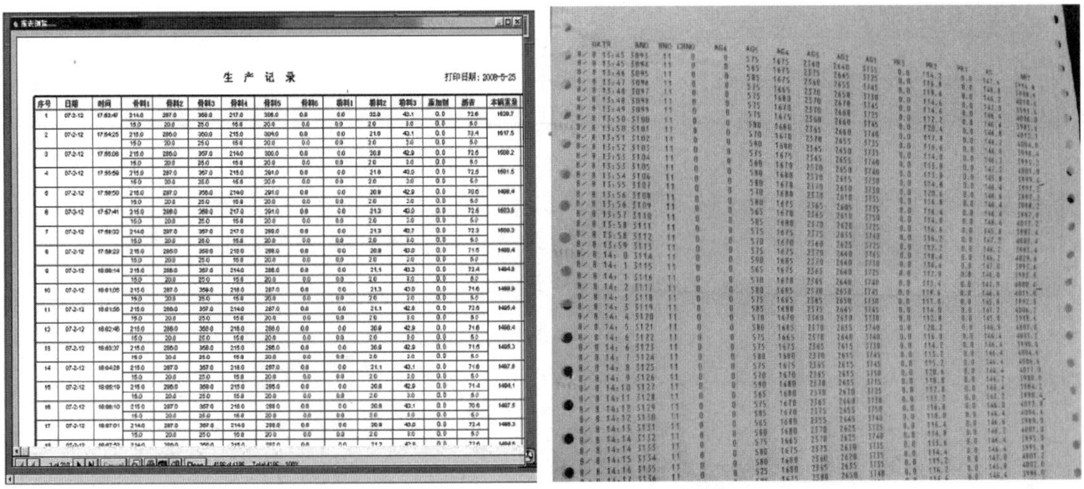

图 2-10 搅拌设备生产记录表和逐盘打印单

每天结束后,用拌和楼打印的各仓料数量,进行总量控制。以各仓用量及各仓筛分结果,在线抽查矿料级配;计算平均施工级配和油石比,与设计结果进行校核;以每天拌和产量计算平均厚度,与路面设计厚度进行校核。

每周分析一次检测结果,计算油石比、各级矿料通过量和沥青混合料物理力学指标检测结果的标准差和变异系数,检验生产是否正常。

2.4 原材料质量管控要求

2.4.1 粗细集料

各档集料的技术指标应符合我国现行规范和相关标准化文件的技术要求。工地实验室应每天或按批次对集料进行常规性能检测,重点关注集料含泥量、针片状含量、颗粒级配等技术指标。

沥青中、下面层粗集料宜采用石灰岩等碱性石料,沥青上面层用粗集料宜采用玄武岩或辉绿岩碎石,条件受限时,可不考虑岩性。

沥青面层应根据不同级配需求进行备料,可参照表2-1推荐的规格进行分档。各储料仓的面积大小应综合考虑各级料的产量与用量具体确定,每一个储料仓应至少可以存放 $400m^3$。

集料推荐分档规格   表 2-1

13 型混合料(mm)	16 型混合料(mm)	20 型混合料(mm)	25 型混合料(mm)
—	—	—	20~30
10~15	10~18	10~20	10~20
5~10	5~10	5~10	5~10

续上表

13型混合料(mm)	16型混合料(mm)	20型混合料(mm)	25型混合料(mm)
3~5	3~5	3~5	3~5
0~3	0~3	0~3	0~3

沥青面层所用集料,应采用三级及多级破碎工艺,推荐的三级破碎工艺为:颚式破碎机(一破)+反击式破碎机(二破)+冲击式破碎机(整形机,三破)+除尘设备(图2-11)。多级破碎工艺是根据具体生产条件和成品料的针片状含量在三级破碎工艺基础上进行调整。采用不同的生产线及设备配置生产出的集料应分别堆放。

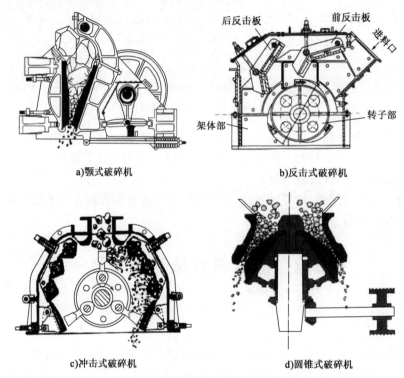

图2-11 常用的几种石料加工设备

细集料宜采用0~2.36mm的机制砂或石屑,应保持洁净、干燥、无风化、无杂质;沥青上面层用细集料应采用制砂机单独加工。

砂石料场底部应经常性清理并保持清洁,严禁装载机铲料时铲底。避免带入泥土等杂质,影响石料的洁净度。

2.4.2 填料

填料应采用石灰岩碱性石料经磨细得到的矿粉。矿粉必须保持干燥、清洁。当用水泥替换矿粉时,应采用硅酸盐水泥,水泥掺量宜不大于2%,高等级公路不建议采用回收粉拌制沥青混合料。

储存罐内应设有破拱装置,并且矿粉不宜长期存放,以防矿粉吸潮结块,不易流动,影响正常供料。

2.4.3 沥青

沥青由供货商提供产品检验报告及各种证明文件,要求监理和施工单位逐车检查随车合格证,施工单位应逐车抽样检查,三大指标检测合格后才能卸车到沥青或者改性沥青储存罐中,并做好样品的留样工作。

SBS 改性沥青可增加 SBS 掺量进行检测,橡胶改性沥青应尽量缩短储存时间,最好现场即生产即用。

2.4.4 木质素纤维

SMA 沥青混合料应采用优良的木质素纤维,掺加比例应不低于沥青混合料总质量的 0.3%。目前实体工程中常用的木质素纤维有颗粒状和絮状两种类别(图 2-12),应进行广泛的市场调研和实体应用效果调研,选择 3 个以上品牌进行纤维、沥青混合料性能试验,在试验结果基础上综合比选、择优选用。

图 2-12　颗粒状与絮状木质素纤维

每批木质素纤维进场前,应将样品送检,合格后方可进场。每批材料进场抽检合格后方能使用。

2.5　冷热料平衡控制

矿料应尽量保持同一来源和生产工艺,保证各档集料的岩性、规格、质量等具有足够的稳定性。实际工程中,由于原材料规格发生波动,往往容易造成搅拌设备等料、溢料问题,搅拌设备生产效能下降。

通过开展目标配合比、生产配合比、生产配合比验证等试验,确定冷料、热料的掺配比例、沥青用量等参数,用于指导搅拌设备沥青混合料的生产。

为满足不同级配沥青混合料的生产需求,每个搅拌设备应配备 6 个以上的冷料仓,不少于 5 个热料仓(5 档及以上的热料)(图 2-13)。

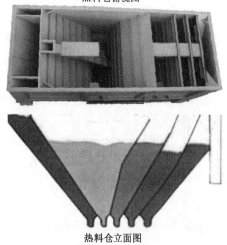
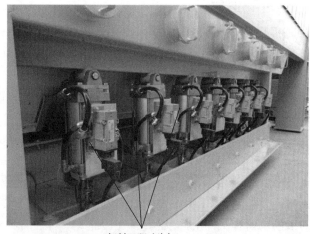

图 2-13　搅拌设备热料仓

冷料仓应搭设防雨棚,并设置隔板,隔板高度不宜小于 50cm,确保不串料(图 2-14)。

图 2-14　冷料仓未搭设遮雨棚与串料

冷料仓宜采用下埋式修建(图 2-15),能够减少石料举起高度,极大提高上料效率,也能够节约能源消耗。

图 2-15　下埋式冷料仓

喂料器的正常运行、稳定向拌和机供料是保障冷热料平衡、混合料矿料级配的重要因素，在生产前和生产过程中应勤于检查喂料系统的各项功能，包括：①料堆和冷料仓中的集料尺寸是否正确；②集料有无离析现象；③各种集料储存时有无混掺；④是否准确无误地校准并固定喂料口；⑤喂料口中或冷料仓内是否无障碍物；⑥是否正确设定控制速度。

开始生产前应对搅拌设备进行调试，确定冷料喂料的两个控制参数：喂料器出料口的开口度（粗调控制参数）和皮带转速（冷料流量的主控参数），结合拌和机产能、冷料掺配比例、热料掺配比例以及冷料筛分去向等因素设定各档冷料的流速流量（图2-16）。

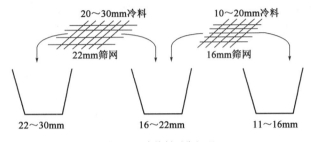

图2-16 冷热料平衡机理

在拌和过程中出现等料、溢料现象时（图2-17），可根据溢料或等料的集料粒径调整相应的冷料仓流量。

图2-17 搅拌设备溢料现象

冷热料平衡控制时应注意不宜同时调整两个冷料的喂料系统，料仓中的集料应保持在适当的水平面上，热料仓不能出现空仓，防止水珠凝积在热料仓壁上。

经配合比设计流程确定的施工配合比参数原则上不得变更。生产过程中如遇严重等料、溢料等重大问题而冷料调整无法奏效时，可上报相关参建方批准后适当微调施工配合比，原则是矿粉、0~4mm的比例总量严禁改变，(11~16mm、16~22mm、22~30mm)的比例在总数保持不变的前提下，允许进行微调1~2个点，但应控制22~30mm档的用量以沥青混合料摊铺过程中不离析为原则；(4~7mm、7~11mm)的比例在总数保持不变或者适当减少用量的前提下，允许进行微调1~2个点。

冷料仓内装料的规格应按粒径从大到小沿送料方向依次排列，由于大粒径矿料容易滚动，放在其他小粒径规格上面时容易造成离析现象，不利于进料的平衡控制。

沥青混合料拌和机热料仓振动筛网设置应与原材料规格相适应,减少因冷热料不匹配导致的等料、溢料现象。应尽量使热料仓大体均衡,不同级配混合料必须配置相对应的筛孔组合。结合集料推荐的分档规格,推荐热料仓振动筛筛网尺寸为 3～4mm、6～7mm、11～12mm、15～16mm、22～24mm 和 28～33mm。

热料振动筛一般可选用单轴振动筛和双轴振动筛,影响筛分效果最主要的是振动器的参数,单轴式的振幅为 4～6mm,振动频率为 20～25Hz;双轴式的振幅为 9～11mm,振动频率为 18～19Hz。

振动筛筛网的布置排序从上到下筛孔尺寸应逐渐减小,筛网设置一定的倾斜角度,通常为 12°,经常性检查筛网的清洁和完好情况,如发现筛网破损,要及时更换,避免各料仓混杂串料,影响混合料矿料级配。

生产过程中,每隔 2 至 3 天放 1 次热料,试验室进行热料筛分,掌握生产级配的波动性。

2.6 温度控制与监测

加热系统直接关系到沥青、石料等原材料的温度是否达到要求以及材料温度的稳定性,从而影响沥青混合料的拌制效果。搅拌设备加热系统建议采用天然气等清洁能源,提高环保效益以及温控精度。加热滚筒(图 2-18)采用逆流式加热方式,其卸料出口处应安装有温度计,用以实测集料的实时温度,以保证沥青混合料合适的拌和及出料温度。

图 2-18 加热滚筒

加热系统应注意以下问题:①每天工作开始时应用手动控制方式启动干燥滚筒、点燃燃烧器,先用小火预热筒体 5～10min 后上料;然后根据出料口处所检测的温度,逐步加大喷油量和增加进料量,直到工作状态稳定再转入自动控制方式。②工作中遇到突发事故时应立即关掉燃烧器,但为防止干燥滚筒高温变形不要立即停止。③每天工作结束时,应使干燥滚筒在空腹状态下连续转动 15min 左右再停止。④红外测温仪的镜头应及时进行清洁,保持干净,其镜头的环境温度靠冷却风机冷却,应经常检查冷却风机工作是否正常。

由于集料占了绝大比重,集料的温度支配着混合料的温度。为提高集料的加热均匀性和降低能耗,集料应储放在加盖了遮雨棚的料仓中,尤其是细集料要避免雨淋或过于潮湿,造成加热不足或不均匀,影响沥青混合料的出料温度。

严格掌握沥青和集料的加热温度以及沥青混合料的出厂温度,集料温度应比沥青温度高10~15℃。热混合料成品在储料仓储存后,其温度下降不应超过10℃,储料仓的储料时间不得超过24h。

集料温度应严格控制,集料加热温度过高,拌和过程中会使沥青老化;集料温度不足,则不易充分裹上沥青。

除了确保沥青混合料的出料温度,还应采取措施维持混合料在运输、摊铺过程中的温度。运料车车厢侧面应加装保温层,应采用厚篷布全程严密覆盖(图2-19),篷布至少应下挂到车厢板的一半,卸料过程中仍继续覆盖直到卸料结束,以减少混合料的温度损失。

图2-19 篷布全程覆盖

一般情况下,沥青路面不得在气温低于10℃以及雨天、路面潮湿的情况下施工。在10~15℃低温条件下施工时,适当提高沥青和矿料加热温度、混合料出厂温度和施工各环节温度,混合料的出料温度取高限,或在正常施工条件下根据实际气温情况施工温度适当提高5~15℃。

沥青混合料各阶段的温度均需检测(图2-20),建议采用水银温度计或数字显示插入式热电偶温度计检测混合料的出厂温度和到达现场温度。插入深度要大于150mm。在运料卡车侧面中部设专用检测孔,孔口距车厢底面约300mm。

图2-20 运料车温度检测

有条件的也可以采用红外热像仪对混合料进行全范围面域温度监测(图2-21)。

图2-21 运料车红外热像仪测温

2.7 成品料防离析措施

成品料的均匀度依赖于原材料的规格、品质的均匀性。集料的堆放应按照小料堆卸料、斜坡式分层堆料、水平分层堆料等方式正确卸料,避免集料在堆放过程中产生离析。

沥青混合料应拌和足够的时间,保证集料、沥青等原材料拌和均匀,防止混合料离析。拌和时间通过试拌确定,必须使所有集料颗粒全部裹覆沥青结合料,并以沥青混合料拌和均匀为标准。整个拌和过程不得少于45s,其中干拌时间不少于5s,改性沥青混合料拌和时间应适当延长。

SMA沥青混合料拌和时间及加料次序参照表2-2选用。

SMA混合料拌和时间及加料顺序　　　　表2-2

加矿料	干拌	加沥青	湿拌	出料
加矿粉	不小于10s	加纤维	不小于50s	
总生产时间不宜小于65s				

拌和机出料不允许采取自由跌落式的落地成堆、装载机装料运输的办法。须配备带活门漏斗的料仓,由漏斗出料直接装车运输,装车时车辆应前后移动,分"前、后、中"三次或五次装料(图2-22),避免混合料离析。

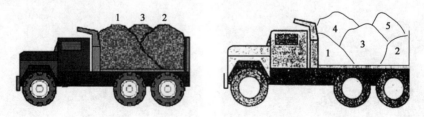

图2-22 沥青混合料"三次/五次"装料示意图

搅拌时应安排专人随时检查混合料的外观质量,混合料应均匀一致、无花白料、无结团成块、冒青烟或严重离析现象,发现异常应及时处理。如确认是质量问题,应作废料处理。

2.8 搅拌设备防污染控制

搅拌设备场地应进行硬化处理,地面应定期洒水,对粉尘源进行覆盖遮挡。必要时需对场地内的粉尘进行冲洗清理,避免扬尘污染。

沥青搅拌设备应选用清洁能源加热沥青混合料,推荐采用天然气。采用重油加热的,需设置脱硫的装置。采用精煤粉加热的,应做到全封闭。在确保持续稳定热源的同时,还要综合考虑绿色环保、经济效能等因素。

拌和机应配备良好的二级除尘装置(图2-23),除尘以达到细集料颗粒分布合理、细集料中0.075mm筛孔通过率介于6%~10%的要求。

图2-23 搅拌设备除尘装置

矿料在烘干、筛分、拌和等生产过程中产生的燃烧废气、水蒸气以及灰尘,通过除尘装置将粉尘分离出来。宜采用运料车在废弃粉尘排放口处承接,做到粉尘不落地,避免粉尘扬起或飞散。

搅拌设备使用的油料必须有防止泄漏和污染的措施,施工机械的废油废水,采用隔油池等有效措施加以处理,不得超标排放。

第3章 沥青混合料搅拌设备生产控制虚拟仿真技术

在掌握间歇式沥青混合料搅拌设备构造的基础上,开展沥青混合料配合比优化设计,确定针对性的搅拌设备生产参数,使搅拌设备生产出符合设计目的、质量稳定的沥青混合料,对确保路面使用质量具有重要意义,这也是道路桥梁与渡河工程、土木工程、工程管理、交通工程、测绘工程等专业的重要授课内容,是《路基路面工程》《土木工程施工技术》《建筑材料》《道路工程》《土木工程材料》等课程的重点知识点之一。

但是受到诸多因素限制,目前间歇式沥青混合料搅拌设备构造原理与生产控制方面在目前的教学中存在以下不足:

(1)理论学习与工程实践割裂

间歇式沥青混合料搅拌设备(图3-1)的建设总费用在2000万元左右,由于配套设备材料众多,占地面积大,同时沥青混合料搅拌设备的运营程序繁琐,难度大。受硬件条件影响,实际上该部分知识在教学中是通过课堂讲授相关理论,再通过课程实习或者专业实习等工程实践进行学习的,两者间会有明显的时间差,同时工程现场受施工季节和项目位置等限制存在明显的不确定性,造成了理论与实践两方面学习的割裂。

图3-1 间歇式沥青混合料搅拌设备

(2)实践环节难以学习设备内部构成,无法开展实际操作

实践环节中,由于设备巨大,装卸困难,学生无法直观学习设备各部分内部构成及功能实

现方式,严重影响对后续知识的理解。同时因为设备本身高昂的价格和复杂的控制,不可能让学生参与搅拌设备运行控制,使得学生对搅拌设备生产参数的控制缺乏深入了解。以上都导致了与搅拌设备知识相关的实习效果受到很大的影响。

(3)高校教师在大型设备构成、工程经验方面存在不足

间歇式沥青混合料搅拌设备组成复杂,同时近年来随着厂拌热再生技术、温拌技术、新型外加剂、移动式组合等新技术、新材料的发展,间歇式沥青混合料搅拌设备的组成、各部分组织方式、生产流程等方面具有大量新的发展,这些机械方面的知识都超出了道路工程专业的常规知识体系。另一方面,搅拌设备施工组织与生产质量控制影响因素众多,突发情况繁杂,新技术、新材料不断涌现后,该特征更为明显,学生需要有丰富的实际工程经验才可以深入把握。而以上情况给高校教师的教学带来了极大的挑战。

针对以上不足,长沙理工大学开展了"间歇式沥青混合料搅拌设备构造原理与生产控制虚拟仿真实验"项目建设,本实验项目依托公路交通国家级虚拟仿真实验教学中心、土木工程专业国家级实验教学示范中心进行。通过虚拟仿真实验平台,依托虚拟仿真、多媒体、人机交互、数据库和网络通信等技术,构建高度仿真的间歇式沥青混合料搅拌设备模型和交互式的操作模式。

"间歇式沥青混合料搅拌设备构造原理与生产控制虚拟仿真实验"虚拟仿真实验项目可用于土木工程、道路桥梁与渡河工程等专业学生学习,也可用于公路工程从业人员培训等。

3.1 沥青混合料搅拌设备生产控制虚拟仿真实验功能

本实验通过三维模拟沥青混合料搅拌设备布局,动态还原搅拌设备运作环境,生动形象地让学生获知沥青混合料搅拌设备工作原理以及运作模式。在学习模式中,学生通过360°自主漫游,掌握沥青混合料搅拌设备结构布局,并进一步掌握各个组成部分的工作原理、各设备之间如何相互衔接和运行的模式。通过构建搅拌设备的工作情景,加深学生在这种情境模拟下的获知能力,以便学生在实际生产中面对沥青混合料搅拌设备的运营时,能做到熟练掌握和规范操作。在漫游环境下,系统提供了基本情况介绍、运行状态展示以及帮助说明提示,以搭建综合全面以及规范完整的模型,并在帮助说明中提供了沥青混合料搅拌设备生产运营过程中所需参考的规范要求。

本实验设置考核模式,为学生提供实践操作平台。学生不仅可以以沉浸式的方式获知间歇式沥青混合料搅拌设备分布情况、设备设施、运行操作等标准,也可了解沥青混合料搅拌过程中质量控制核心技术。针对实际生产中可能出现的各类问题,比如集料和沥青加热温度、原材料规格、成品混合料装车方式等,都已嵌入实验的考核模式中。通过综合影响因素控制,学生自主调整搅拌设备以及各设备工作条件,以提高搅拌设备生产的稳定性。还可开展配合比设计计算并进行相关考核。学生通过各档冷料选取规格、确定比例,设计符合规范级配范围的目标配合比。进一步通过设定各热料用量比例,调整合成级配,使之尽可能贴合目标级配。平台设置操作评分标准,系统将会针对学生整个操作过程进行记录和评分;通过交互过程,学生自主设计实验参数,评价学生对虚拟仿真实验的理解情况与掌握程度。

(1)虚拟仿真实验的使用目的

沥青混合料搅拌设备生产控制虚拟仿真实验的开展,有助于掌握间歇式沥青混合料搅拌设备构造原理;掌握间歇式沥青混合料搅拌设备生产沥青混合料的流程;掌握沥青混合料生产配合比与目标配合比的内容;掌握间歇式沥青混合料搅拌设备关键生产控制参数。

(2)虚拟仿真实验实施过程

首先可以通过网址登录虚拟实验平台,在此平台页面内有与虚拟实验的相关视频和文字介绍,进入后可以自主选择各项模拟实验进行操作。实验流程如下:登录系统→获取实验介绍→搅拌设备环境漫游认知→实验操作模块→实验报告生成→实验结束→退出系统→教师批阅登录成绩,实验整体流程如图3-2所示。在此展示基本的操作步骤信息。

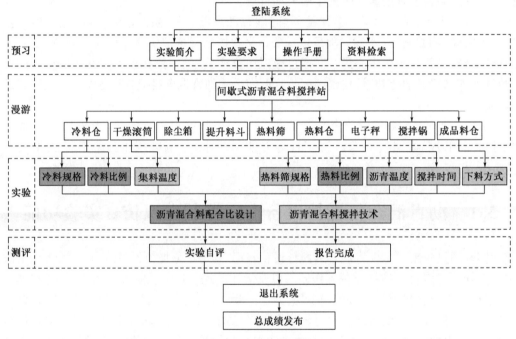

图3-2 实验流程图

实施过程中以循序渐进为主线,通过学习准备、沉浸式漫游学习、自主交互式实验、测评式反思实现相关知识的逐步深化,如图3-3所示。

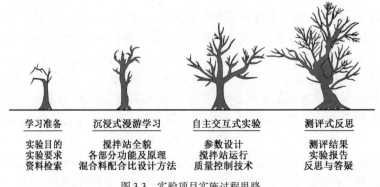

图3-3 实验项目实施过程思路

①学习准备

进入项目网站后,单击相应选项查看实验目的、实验要求等内容,结合资料检索等为正式学习奠定初步基础。

②沉浸式漫游学习

跟随三维模型动画展示,了解间歇式沥青混合料搅拌设备全貌及整体概况,进而跟随系统漫游学习搅拌设备各主要部分装置、内部构成及运行原理,以及沥青混合料配合比阶段划分及工作内容,使学生沉浸在高度仿真的搅拌设备系统中。

③自主交互式实验学习

针对冷料规格和级配、沥青类型及标号、热料筛规格等实验参数进行自主设计,综合考虑相关国家规范及工程实际情况,进行搅拌设备运行实验,通过计算模型的自动计算,交互式展示设计成果和运行效果。

④测评式反思学习

实验操作结束后,自动生成实验成绩,完成实验报告,自评各知识点的掌握程度,结合在线答疑,解决疑问,加深相关知识的理解。

本虚拟仿真实验项目采用现场考查和提交报告相结合的形式进行,考核满分为100分,考核过程主要由实验指导教师根据学生在实验过程中的实际操作和实验报告完成情况进行综合评价,给出各模块得分,最终成绩为实验模块分数之和,见表3-1。

考核评分细则 表3-1

考核内容	考核要求/能力培养	计分(满分100)
集料规格选取	掌握具体沥青混合料中集料规格选取依据,了解集料规格与沥青混合料生产质量波动性的关系	7
各档集料级配	掌握集料产品质量控制标准	8
沥青混合料目标级配	掌握具体沥青混合料类型对应的集料级配控制标准,了解混合料集料级配曲线的分布特征	15
集料加热温度	掌握集料加热温度与沥青类型、拌和楼类型的关联,以及相应的控制标准	5
热料筛规格	掌握热料规格划分原理	5
各档热料用量比例	了解热料用量比例对搅拌设备生产效率影响机理	5
沥青混合料生产级配	掌握沥青混合料生产配合比与目标配合比关系,掌握生产级配的控制原则	15
沥青加热温度	掌握沥青加热温度影响因素及相应控制标准	5
沥青混合料油石比	掌握具体沥青混合料类型油石比常用范围	5
沥青混合料拌和时间	掌握沥青混合料拌和阶段划分,掌握沥青混合料拌和时间控制标准	5
沥青混合料装车方式	掌握沥青混合料装车方式,了解装车方式对沥青路面施工质量的影响机理	5
操作时间	掌握沥青混合料搅拌设备整体流程及操作	10
实验报告填写、规范及准确性	准确填写实验目的、原理、步骤、实验结果并及时提交	10

（3）虚拟仿真实验实施效果

使用虚拟仿真平台可有效提升学生的学习兴趣和主动性，改善相关知识的学习效果，打破理论教学和工程实习的界限，如图3-4所示。

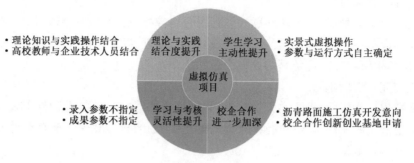

图3-4 实验项目实施效果

3.2 沥青混合料搅拌设备生产控制虚拟仿真实验操作流程

3.2.1 学习模式

步骤1：登录网站（http：//www.ilab-x.com/details/v4？id=4391&isView=true），进入网站了解虚拟仿真实验描述、特色、网络要求等相关信息，见图3-5。从网站右下角获取实验指导书。

图3-5 虚拟仿真实验平台

步骤2：主界面可选择进入"学习模式"或"实验模式"，见图3-6。单击"学习模式"按钮，加载程序进入间歇式沥青混合料搅拌设备虚拟仿真实验的主场景。

图 3-6 实验项目主界面

步骤 3：了解实验项目，分别单击"实验简介""实验内容"以及"实验步骤"子页面，熟悉项目基本情况，见图 3-7 ~ 图 3-9。单击"确定"按钮进入间歇式沥青混合料搅拌设备虚拟仿真实验学习模式下的环境漫游认知。

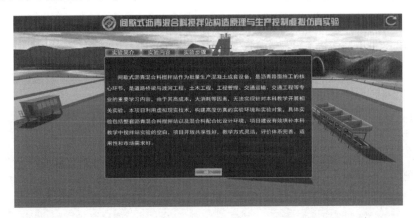

图 3-7 实验简介

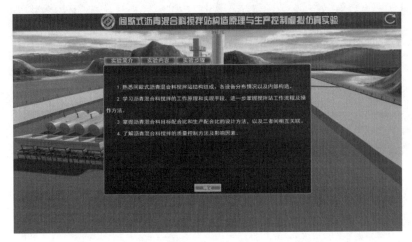

图 3-8 实验内容

图3-9 实验步骤

步骤4：通过单击鼠标右键可旋转视角查看设备，同时可滑动鼠标滚轮缩放搅拌设备场景，见图3-10。再单击左上角"进入设备介绍"按钮，系统将对搅拌设备各组成设备展开详细介绍。

图3-10 搅拌设备全景漫游认知

步骤5：设备介绍界面中，左侧一列为搅拌设备的各组成设备，单击相应按钮，在右侧对话框中将对该设备进行具体介绍。单击"冷料仓"按钮，见图3-11，熟悉冷料仓结构组成和工作流程。

图 3-11 冷料仓漫游认知

步骤 6：单击"加热滚筒"按钮，了解加热滚筒的内部结构以及工作原理，见图 3-12。

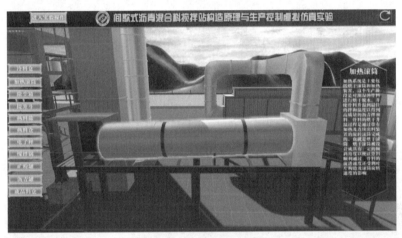

图 3-12 加热滚筒漫游认知

步骤 7：单击"除尘箱"按钮，了解除尘箱基本布局、设备配备以及工作流程，见图 3-13。

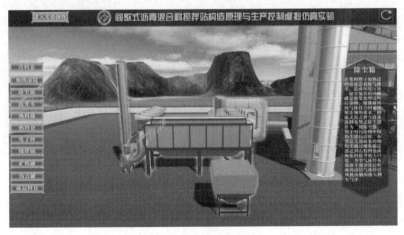

图 3-13 除尘箱漫游认知

步骤8：单击"提升斗"按钮,高亮提示后漫游拉近至提升斗,通过透视图了解提升斗内部结构和工作情况,见图3-14。

图3-14 提升斗漫游认知

步骤9：单击"热料筛"按钮,熟悉热料筛的基本位置和结构设置,通过透视图认识热料筛内部布局,见图3-15。

图3-15 热料筛漫游认知

步骤10：单击"热料仓"按钮,认识热料仓设备配置和结构组成,通过介绍掌握热料仓设计时所需注意的相关因素,见图3-16。

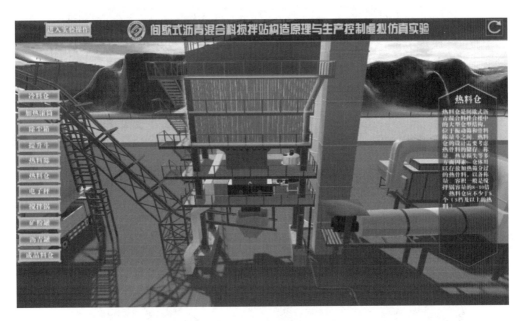

图 3-16 热料仓漫游认知

步骤 11：单击"电子秤"漫游至称量系统，了解称量系统的工作分工、设备组成以及精度控制方法，见图 3-17。

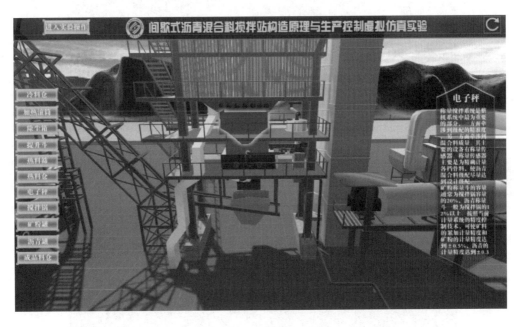

图 3-17 电子秤漫游认知

步骤 12：单击"搅拌锅"按钮，熟悉搅拌锅内部结构以及掌握搅拌锅的工作情况，见图 3-18。

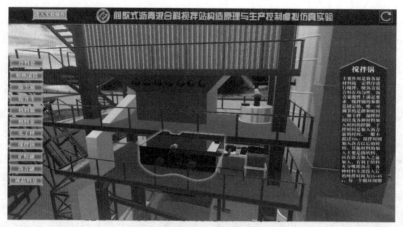

图 3-18 搅拌锅漫游认知

步骤 13：单击"矿粉罐"按钮，了解矿粉罐所处位置以及矿粉罐适用场合，见图 3-19。

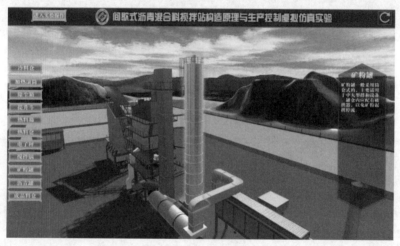

图 3-19 矿粉罐漫游认知

步骤 14：单击"沥青罐"按钮，了解沥青罐基本情况，进一步掌握沥青罐的基本配备原则，见图 3-20。

图 3-20 沥青罐漫游认知

步骤 15：单击"成品料仓"按钮，了解成品料仓的作用以及基本结构组成，见图 3-21。

图 3-21　成品料仓漫游认知

步骤 16：单击界面左上角"进入实验操作"按钮，加载进入"学习模式"下的间歇式沥青混合料搅拌设备实验操作界面，同时系统将对操作进行计时，见图 3-22。

图 3-22　实验操作控制界面

单击界面左上角图标，进入帮助说明界面，见图 3-23。单击相应设备系统将弹出该设备在使用过程中的相关规范要求，如单击"沥青罐"，系统将提示沥青罐加热温度等要求，见图 3-24。

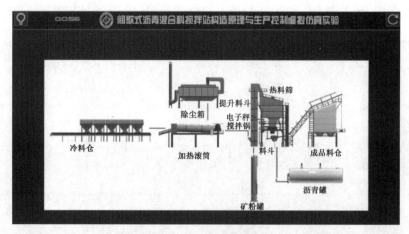

图 3-23　实验操作帮助说明

1. 热拌沥青混合料

表 5.2.2-2 热拌沥青混合料的施工温度（℃）

施工工序		石油沥青的标号			
		50 号	70 号	90 号	110 号
沥青加热温度		160-170	155-165	150-160	145-155
矿料加热温度	间歇式拌和机	集料加热温度比沥青温度高 10-30			
	连续式拌和机	矿料加热温度比沥青温度高 5-10			

2. 聚合物改性沥青混合料加热温度

表 5.2.2-3 聚合物改性沥青混合料的正常施工温度范围（℃）

工序	聚合物改性沥青品种		
	SBS 类	SBR 类	EVA、PE 类
沥青加热温度	160-165		
改性沥青现场制作温度	165-170	-	165-170
成品改性沥青加热温度，不大于	175	-	175
集料加热温度	190-220	200-210	185-195

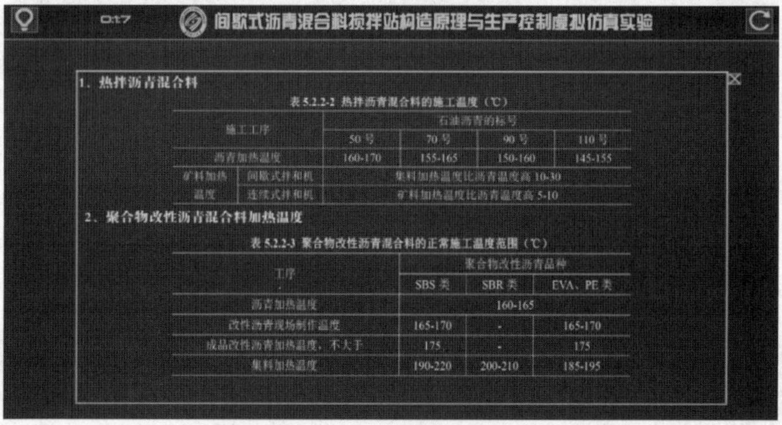

图 3-24　沥青罐帮助说明

步骤 17：再次单击左上角图标离开帮助页面，回到“学习模式”下的实验操作主界面，见图 3-25，单击高亮显示下的设备，进入该设备的使用前参数设置。

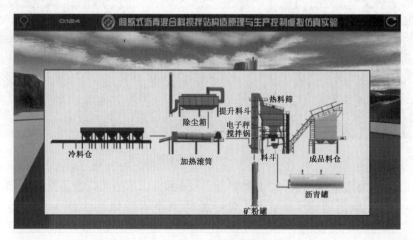

图 3-25　学习模式下实验操作主界面

如单击"冷料仓"高亮图标,系统将进入冷料仓相关信息录入界面,见图3-26、图3-27。录入石料规格、比例等参数后,单击"生成设计级配(目标)"按钮,系统将自动生成目标设计级配和目标级配曲线;同时根据提示,用户截图保存相关图表,并单击"启动设备"按钮,系统将进入下一个程序。

图 3-26　冷料仓目标级配设计计算

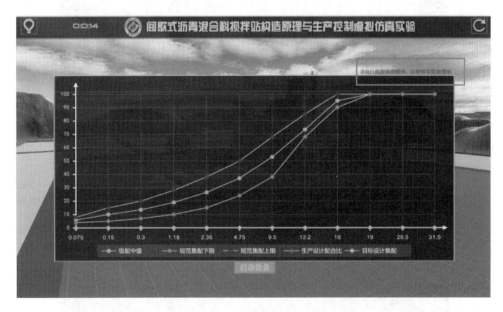

图 3-27　冷料仓目标级配曲线

步骤 18:冷料仓将开启,见图3-28,进行正常运行后,系统切换至实验操作主界面,进入下一个设备参数设置,见图3-29。

图3-28 冷料仓运行

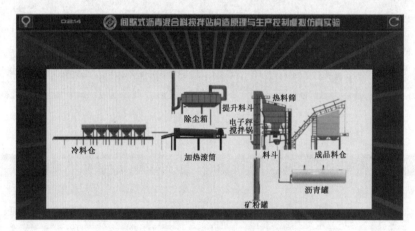

图3-29 学习模式下实验操作加热滚筒

步骤19：在"学习模式"下的实验操作过程中，相关参数录入时，若数据超出要求，系统将自动弹出相关规范，见图3-30，用户可以在熟悉实验操作的同时，对国家规范相关要求有更深刻的理解和应用。

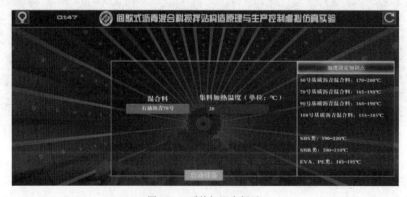

图3-30 系统知识点提示

步骤 20：通过"学习模式"下的"设备介绍"以及"实验操作"两部分内容的详细介绍，从理论知识和实操训练两方面结合学习，用户可自主选择材料，设置系统参数，综合掌握搅拌设备的工作原理及操作流程。完成"学习模式"后，见图 3-31，单击右上角图表，返回项目主界面，可进入"实验模式"，进行实验课程的考核，见图 3-32。

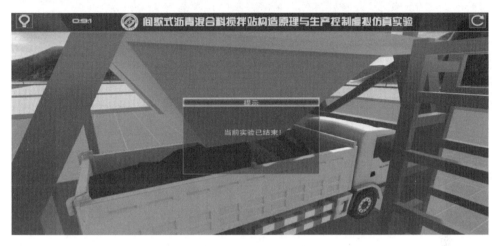

图 3-31　完成学习模式

图 3-32　实验模式

3.2.2　实操模式

步骤 21：进入"实验模式"主界面，见图 3-33，正式开始本项目的考核，将关闭帮助功能，同时开启操作计时功能。单击"冷料仓"高亮部分，进入冷料仓参数界面，见图 3-34。

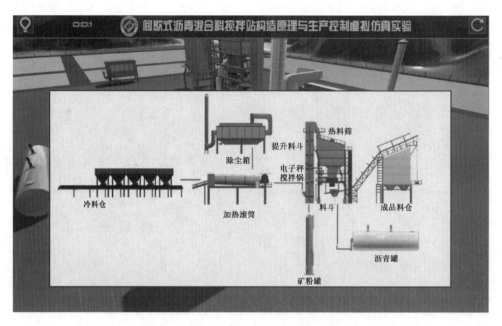

图 3-33　实验模式下冷料仓操作

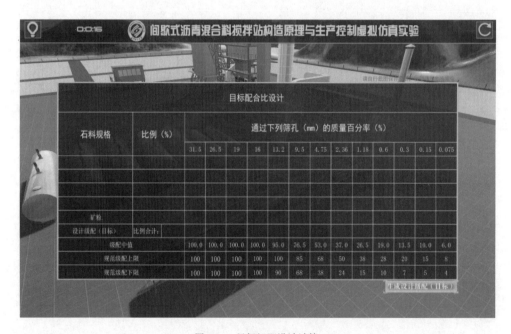

图 3-34　目标级配设计计算

步骤 22：录入石料规格、比例以及质量百分率等参数后,单击"生成设计级配(目标)"按钮,系统将自动生成目标设计级配,再单击"生成目标级配曲线"按钮,见图 3-35,系统将自动生成目标级配曲线,见图 3-36。同时需要及时截图保存计算表和级配曲线图,便于实验报告中的数据处理。

图 3-35 设计级配(目标)计算表

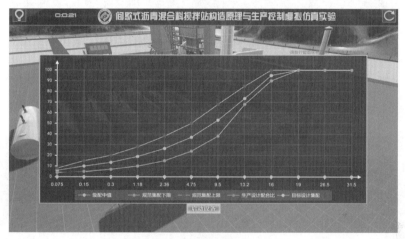

图 3-36 目标级配设计曲线

步骤 23:单击"启动设备"按钮,冷料仓将开启,进行正常运行,见图 3-37、图 3-38。

图 3-37 冷料仓运行

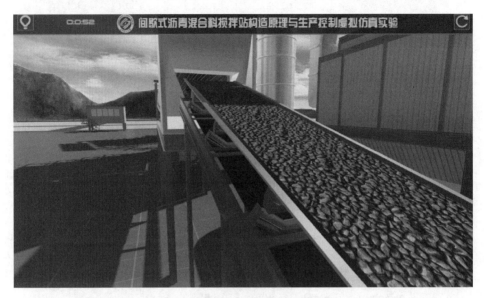

图 3-38 冷料仓运行

步骤 24：待冷料仓工作完毕后，系统再次进入操作界面，单击"加热滚筒"高亮部分，进入加热滚筒参数录入界面，见图 3-39。

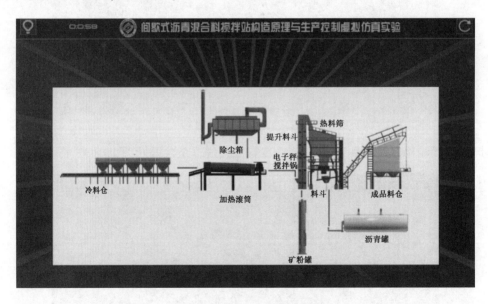

图 3-39 实验模式下加热滚筒操作

步骤 25：进入加热滚筒参数设置界面，首先确定混合料类型，再根据不同的混合料类型，选择相应的集料加热温度，见图 3-40。

加热滚筒相关参数录入完成后，单击"启动设备"按钮，加热滚筒将进入正常工作状态，见图 3-41。

图 3-40 加热滚筒参数录入

图 3-41 加热滚筒运行状态

步骤 26：待加热滚筒工作完毕后，系统进入操作界面，单击"除尘箱"高亮部分，系统将自动开启设备，见图 3-42。

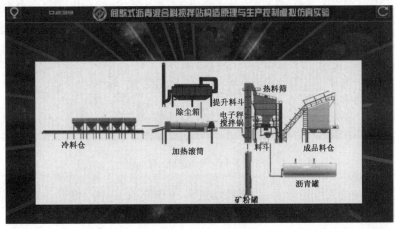

图 3-42 实验模式下除尘箱操作

除尘箱进入工作状态,将通过布袋过滤的方式进行废气处理,见图3-43。收集的粉尘通过螺旋排出,并与水拌和避免扬尘,见图3-44。

图3-43　除尘箱运行

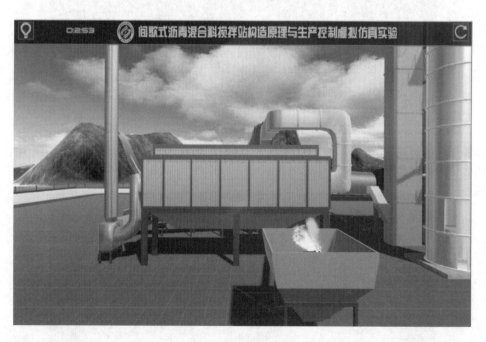

图3-44　粉尘处理过程

步骤27:待除尘箱工作完毕后,系统自动进入操作界面,单击"提升斗"高亮部分,系统将开启提升斗,见图3-45。提升料斗开启,进入运行状态,见图3-46。

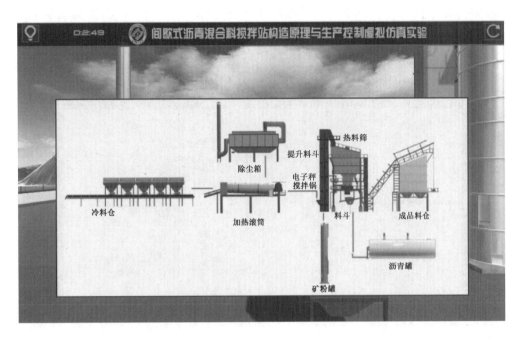

图 3-45 实验模式下提升斗操作

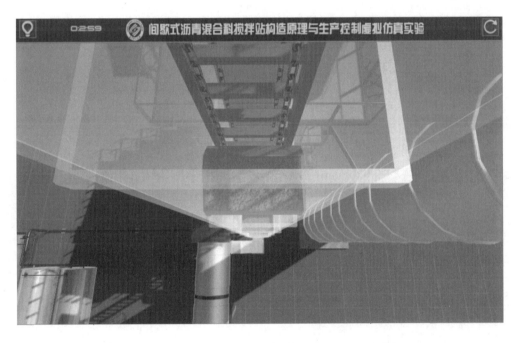

图 3-46 提升斗运行

步骤 28：待提升料斗工作完毕后，系统再次进入操作界面，单击"热料筛"高亮部分，见图 3-47，进入相关参数选择界面，选择热料筛规格，见图 3-48。

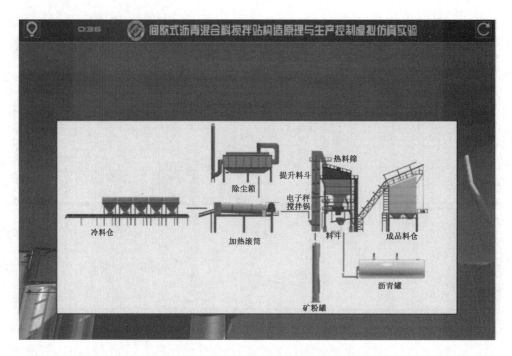

图 3-47 实验模式下热料筛操作

图 3-48 热料筛规格选择

步骤 29：确定热料筛规格后，单击"启动设备"按钮，系统将开启热料筛对集料进行筛分，见图 3-49。

图 3-49 热料筛运行

步骤 30:溢料口工作原理,见图 3-50,将超粒径集料等排出拌和楼。

图 3-50 溢料口运行

步骤 31:系统进入生产配合比参数录入界面,输入各仓比例后,得到生产配合比,见图 3-51。在各仓比例设置时,需要进行试算,以确保生产设计级配尽可能地贴近目标设计级配值。

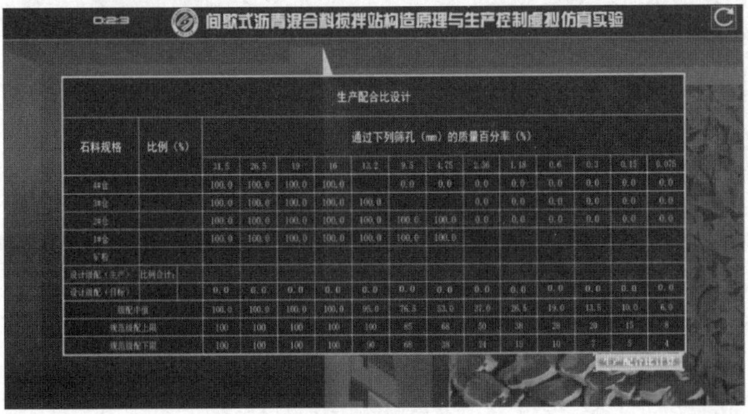

图 3-51 生产配合比设计计算表

步骤32:根据生产配合比计算结果,学生需要自行绘制生产级配曲线图,以便在“实验报告”中对实验数据进行处理分析,见图3-52。

石料规格	比例(%)		通过下列筛孔(mm)的质量百分率(%)												
			31.5	26.5	19	16	13.2	9.5	4.75	2.36	1.18	0.6	0.3	0.15	0.075
4#仓	20		100.0	100.0	100.0	100.0	95	0.0	0.0	0.0	0.0	0.0	0.0	0.0	0.0
3#仓	20		100.0	100.0	100.0	100.0	100.0	93	22	0.0	0.0	0.0	0.0	0.0	0.0
2#仓	20		100.0	100.0	100.0	100.0	100.0	100.0	100.0	0.0	0.0	0.0	0.0	0.0	0.0
1#仓	20		100.0	100.0	100.0	100.0	100.0	100.0	100.0	90	88	89	92	93	60
矿粉	100		0	0	0	0	0	0	0	0	0	0	0	0	0
设计级配(生产)	比例合计:	0	0.0	0.0	0.0	0.0	0.0	0.0	0.0	0.0	0.0	0.0	0.0	0.0	0.0
设计级配(目标)			100.0	100.0	100.0	100.0	89.6	91.4	91.4	90.0	91.4	93.8	92.4	92.8	91.0
级配中值			100.0	100.0	100.0	100.0	95.0	76.5	53.0	37.0	26.5	19.0	13.5	10.0	6.0
规范级配上限			100	100	100	100	100	85	68	50	38	28	20	15	8
规范级配下限			100	100	100	100	90	68	38	24	15	10	7	5	4

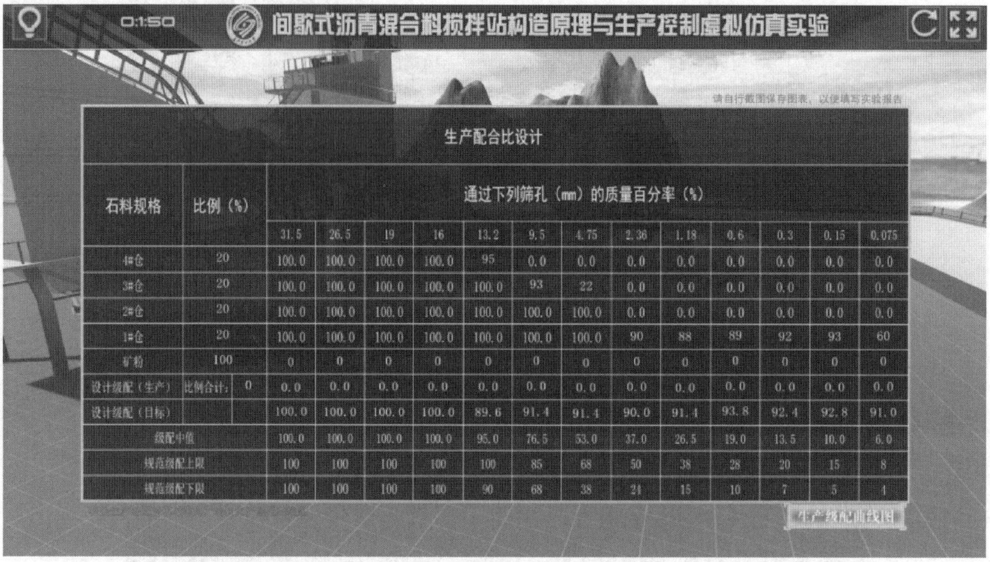

图3-52　生产配合比设计结果

步骤33:单击“启动设备”按钮,系统进入沥青混合料信息录入界面,见图3-53。输入油石比、沥青罐温度等参数时,需要注意油石比的设定范围,同时根据沥青混合料类型,确定沥青罐的加热温度。参数设置好后,再次单击“启动设备”按钮。

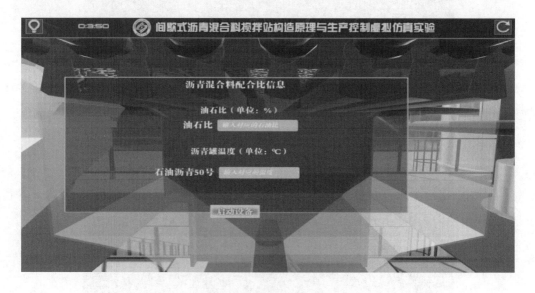

图3-53　沥青混合料信息录入

步骤34:单击“启动设备”按钮后,热料仓依次按照目标级配下料到电子秤,见图3-54。

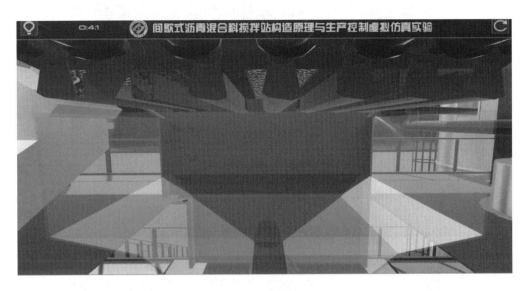

图 3-54 热料仓下料运行

步骤 35：工作完成后，系统自动进入操作界面，见图 3-55。单击"搅拌锅"高亮部分，进入搅拌锅相关参数设置界面。

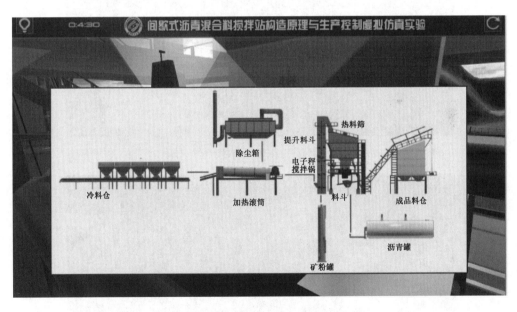

图 3-55 实验模式下搅拌锅操作

步骤 36：在拌和时间设置界面中录入生产周期以及干拌时间，见图 3-56。在拌和时间参数设定时，需注意沥青混合料拌和时间的选择，是为了保证沥青均匀裹覆集料，因此间歇式搅拌锅生成周期需要满足相应的规范要求，而改性沥青和 SMA 混合料的拌和时间要再适当延长。

图 3-56　拌和时间设置

步骤 37：拌和信息录入完成后，单击"启动设备"按钮，搅拌锅将进入工作状态，搅拌集料、矿粉和沥青，见图 3-57、图 3-58。

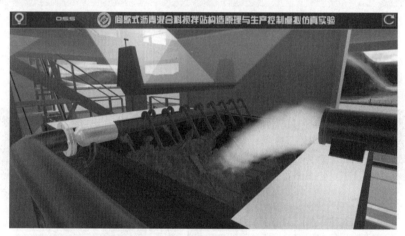

图 3-57　搅拌锅运行(一)

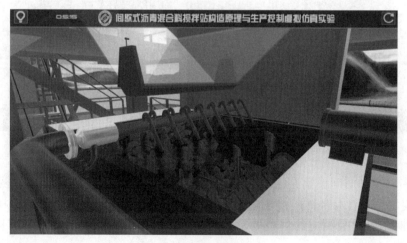

图 3-58　搅拌锅运行(二)

步骤38：待拌和工作完成后，系统进入操作界面，单击"料斗"高亮部分，见图3-59；系统将热料下料至料斗中，见图3-60，并将料斗运送至成品料仓，见图3-61。

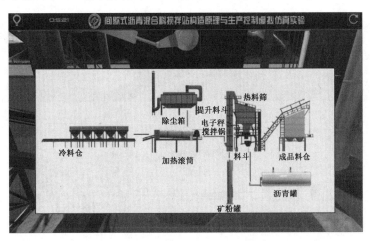

图3-59　实验模式下料斗操作

图3-60　热料下料过程

图3-61　运输料斗至成品料仓

步骤39：热料放入储存仓后，系统再次进入操作界面，单击"成品料仓"高亮部分，进入装车，见图3-62。

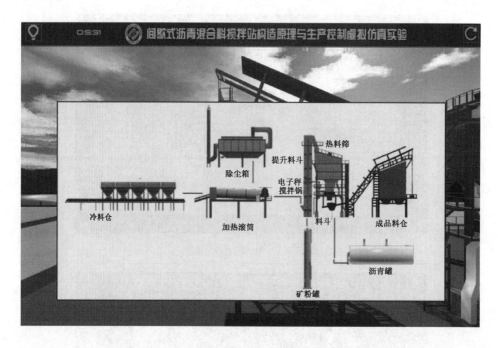

图3-62　实验模式下成品料仓操作

步骤40：进入装车顺序选择界面，见图3-63，确定装车顺序后单击"启动设备"按钮。

图3-63　装车顺序选择

步骤41：系统将根据所选择的装车顺序进行装车，见图3-64。

图 3-64　装车过程

步骤 42：完成装车后，结束"实验模式"下的操作部分，单击"查看成绩"，见图 3-65。系统将根据交互信息情况，得出学生操作评分，并导出相应实验操作评分细则，见图 3-66。根据评分细则，可查看相应考点，考核要求以及得分情况。

图 3-65　实验模式下操作结束

图 3-66　实验操作评分细则表

步骤43：完成实验模式全过程后，在网站平台上下载“实验报告”模板，见图3-67。

间歇式沥青混合料搅拌站构造原理

与生产控制虚拟仿真实验报告

_____年级_____班_____号 姓名_______

指导教师：__________________

内容	
一、实验目的	三、实验数据
二、实验原理	四、实验结论

实验日期_____月_____日

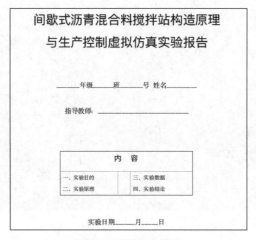

图3-67　实验报告模板

步骤44：学生根据实验报告要求，填写相关内容，同时对实验数据进行分析，最后完成实验结论，见图3-68。

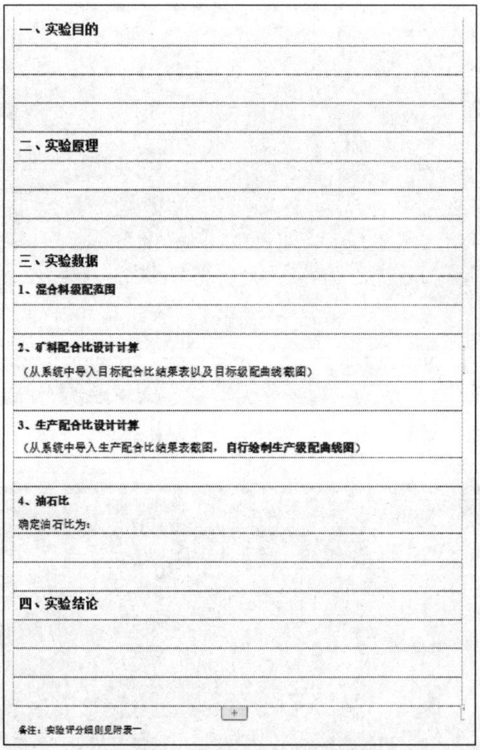
一、实验目的

二、实验原理

三、实验数据

1、混合料级配范围

2、矿料配合比设计计算

（从系统中导入目标配合比结果表以及目标级配曲线截图）

3、生产配合比设计计算

（从系统中导入生产配合比结果表截图，自行绘制生产级配曲线图）

4、油石比

确定油石比为：

四、实验结论

备注：实验评分细则见附表一

图3-68　实验报告具体内容

步骤45：完成实验报告填写后，学生在系统中提交实验报告。指导教师登录后台批阅实验报告，并给予报告得分，见图3-69；最后综合操作得分，得出学生本实验最终得分，本实验全部结束。

图 3-69 实验课程得分

3.2.3 结果分析

1. 实验结果

(1) 通过各档冷料规格以及级配的参数录入,输出沥青混合料目标配合比设计的结果计算表,见图 3-70。

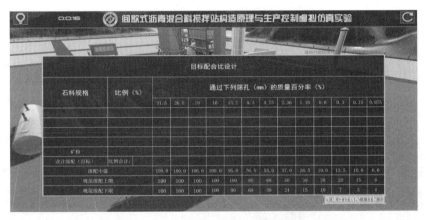

图 3-70 沥青混合料目标配合比计算表

(2) 根据目标配合比设计结果,输出沥青混合料目标级配曲线图,见图 3-71。

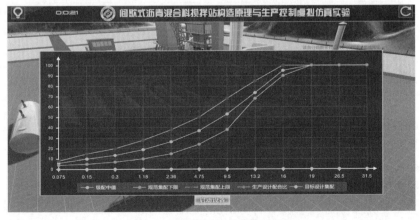

图 3-71 沥青混合料目标级配曲线

(3)通过确定各档热料的用量,输出沥青混合料生产配合比设计的结果计算表,见图 3-72。

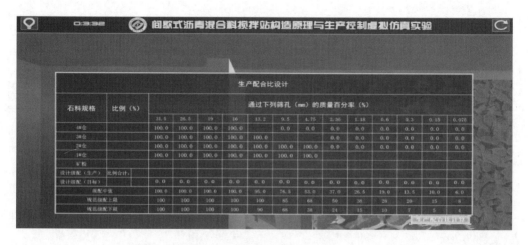

图 3-72 沥青混合料生产配合比计算表

(4)通过生产配合比设计结果,学生需要自行绘制输出沥青混合料生产级配曲线图,参考见图 3-73。

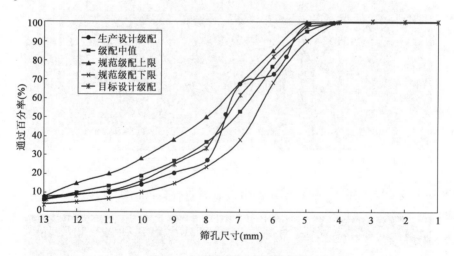

图 3-73 沥青混合料生产级配曲线

2. 结论要求

(1)了解实验背景、工作环境以及实验目的;
(2)熟悉实验工作内容以及相关原理;
(3)掌握实验流程并规范操作;
(4)掌握实验过程中的易错点、难点以及重点内容;
(5)掌握实验数据处理以及质量控制方法;
(6)撰写实验报告、分析实验操作评分情况,见图 3-74。

实验得分	报告得分	总分

间歇式沥青混合料搅拌站构造原理

与生产控制虚拟仿真实验报告

_____年级_____班_____号　姓名________

指导教师：____________________

内　容	
一、实验目的	三、实验数据
二、实验原理	四、实验结论

实验日期_____月____日

一、实验目的

二、实验原理

三、实验数据

1、混合料级配范围

2、矿料配合比设计计算

（从系统中导入目标配合比结果表以及目标级配曲线截图）

3、生产配合比设计计算

（从系统中导入生产配合比结果表截图，**自行绘制生产级配曲线图**）

4、油石比

确定油石比为：

四、实验结论

备注：实验评分细则见附表一

图 3-74　实验报告

参 考 文 献

[1] 黄维蓉,熊出华.沥青与沥青混合料[M].北京:人民交通出版社股份有限公司,2020.
[2] 张洪丽.间歇式沥青混合料拌合设备研制[M].北京:中国水利水电出版社,2019.
[3] 交通部公路科学研究所.公路沥青路面施工技术规范:JTG F40—2004 [S].北京:人民交通出版社,2004.
[4] 许光君,李成功.公路路面机械构造[M].沈阳:东北大学出版社,2013.
[5] 交通运输部公路科学研究院.强制间歇式沥青混合料搅拌设备:JT/T 270—2019[S].北京:人民交通出版社股份有限公司,2019.
[6] 江苏省交通工程试验专用检测仪器计量检定站.沥青混合料和水泥混凝土搅拌设备计量系统检定规程:JJG(交通)071—2006 [S].北京:人民交通出版社,2006.
[7] 中国公路学会筑路机械专业委员会.沥青混合料拌和设备[M].北京:人民交通出版社,1981.
[8] 刘波,李自光,邓孝龙,等.煤转气厂拌热再生设备加热系统分析[J].长沙:长沙理工大学学报,2014,11(04):88-93.
[9] 徐工集团工程机械科技有限公司.道路施工与养护机械设备 沥青混合料厂拌热再生设备:GB/T 25641—2010 [S].北京:中国标准出版社,2010.
[10] 交通部公路科学研究所.沥青路面用木质素纤维:JT/T 533—2004 [S].北京:人民交通出版社,2004.
[11] 叶露林,陆锦军,蒋伟峰,等.高精度间歇式沥青混合料搅拌设备配料系统研究[J].公路,2015(5):190-193.
[12] 李松,潘丰.沥青混合料搅拌站监控系统设计[J].仪表技术与传感器,2016(6):59-61,65.
[13] 曲松,聂磊,沙川,等.北京市沥青搅拌站VOCs排放清单研究[J].环境科学学报,2021(5):1792-1799.
[14] 刘洪海,刘景瑞,辛强,等.多因素约束搅拌站最小成本供料半径研究[J].广西大学学报(自然科学版),2017(4):1472-1477.
[15] 赵利军,申岩,邓欣,等.基于EDEM的沥青混合料搅拌机叶片参数匹配[J].郑州大学学报(工学版),2019(3):79-84.
[16] 李旋,马登成,杨士敏.沥青混合料搅拌滚筒搅拌机理分析[J].甘肃农业大学学报,2015,50(04):146-151.
[17] 李光林.沥青混合料搅拌设备的控制系统应用技术[J].沈阳工业大学学报,2005(4):446-449.
[18] 李智,王子硕,邓志刚,等.沥青混合料三维仿真设计及虚拟剪切试验研究[J].同济大学学报(自然科学版),2018,46(08):1049-1056.
[19] 张光远,何必胜,鲁工圆,等.交通运输类虚拟仿真实验教学体系的构建与实践[J].实验室研究与探索,2023,42(02):165-169.